상처는 언젠가 말을 한다

인권운동가 박래군의
한국현대사 인권기행
2

상처는 언젠가 말을 한다

박래군 지음

머리말

2년 전에 책을 내면서 나름 계획을 세웠다. 책에서 소개한 현장을 사람들과 함께 방문해서 그곳에 얽힌 이야기를 들려주는 그런 여행을 하려고 했다. 하지만 책을 내기 전부터 돌기 시작한 역병은 사람들을 모이지를 못하게 했다. 손 소독하기와 마스크 쓰기, 사회적 거리 두기, 백신 접종 등 이전과는 다른 생활방식을 받아들여야 했다. 사람들과의 여행은 엄두도 내지 못했다. 그런 상황이 이 책을 내는 지금까지 지속되고 있다.

코로나19의 변이종이 다시 대유행을 하는 와중에 두번째 책을 낸다. 이 책도 역시나 아픈 역사의 현장과 그 현장에서 살아냈던 사람들에 관한 이야기다. 이번에는 좀 더 멀리 가보았다. 근대의 시작점으로 생각되는 동학농민혁명의 현장들을 둘러보는 것으로 첫 발을 떼었다. 뒤이어 천주교 순교와 관련한 장소 중에 병인박해 시기 순교성지를 택했다. 이 나라의 종교의 자유를 말하고 싶어서였다. 그러고 나서 백정들의 차별 철폐 운동을 이끈 형평사의 본부가 있었던 진주로 향했다.

해방 이후 역사의 현장으로는 다섯 곳을 꼽았다. 한국전쟁 시기 민간인 학살터를 찾은 것은 아직도 이 사건들이 우리가 풀어야 할 과거 문제 중 가장 거대한 무덤 같은 것이기 때문이다. 형제복지원과 선감학원은 사회복지시설의 끔찍한 현실을 드러내는 곳이다. 요즘 장애인단체들을 중심으로 펼쳐지고 있는 탈시설운동의 계기가 되기도 했다. 동두천에서는 도시의 모든 것을 다 소개하기보다는 미군 기지촌 여성들의 흔적들을 살펴보았다.

그런 다음에 내 활동과도 관련이 있는 장소들을 찾았다. 부동산 투기로 인한 재개발 붐이 다시 일고 있는데, 그 원형에 해당하는 광주대단지 사건의 성남과 2009년 용산참사의 현장, 그리고 서울의 마지막 달동네로 남아 있는 백사마을을 들렀다. 이 책의 마지막 장에서는 노동운동가이자 인권운동가로서 이소선을 조명하고, 그가 한평생 보여준 연대 정신을 되새겨보았다.

어떤 꼭지도 쉬운 게 없었다. 지난 첫번째 책에서 다룬 장소들은 나름대로 알려진 곳이라 찾아가는 길도 제대로 정비되어 있었고 안내판도 곳곳에 세워져 있었다. 그렇지만 이번 책에 나오는 곳들은 현지인들도 잘 모르는 경우가 제법 많아서 나 스스로 길을 내면서 가야 했다. 형평사 운동의 자취를 따라갔던 진주나 미군 기지촌 여성들의 삶과 죽음의 현장인 동두천은 한 도시를 돌아보는 짧은 여정이었지만, 민간인 학살터는 경남 거창까지 내려갔다가 대전까지 오는 길이었고, 동학농민혁명의 현장들은 전북에서 시작해 충북 보은까지 길을 뒤져 나아갔다. 아마도 사회복지시설의 흔적을 찾아 부산 형제복지원의 폐허들부터 경기도 안산 선감학원까지 돌았던 길이 가장 길지 않았나 싶다.

그동안 나의 신변에도 변화가 있었다. 인권재단 사람의 소장직에서 물러나고, 세월호 참사 유가족들과 시민들이 출연해 만든 4·16재단의 상임이사로 자리를 옮겼다. 새로운 일과 환경에 적응하면서 책 작업을 해내는 게 쉽지만은 않았다. 길이 막힌 곳에서 새로운 길을 내는 것처럼, 또는 길을 다 왔다 싶을 때 다시 새 길이 열리는 것처럼 내가 가야 할 길은 언제나 새로웠다. 이번 책도 그렇게 새로운 길을 내는 심정으로 써내려갔다. 그러다보니 유난히 외진 길의 폐허가, 이름 없는 무덤들이 많이 등장하게 되었다.

책 제목에도 이런 점들을 반영하고자 했다. 앞서 낸 첫번째 인권기행 책이 우리에게 제대로 기억해야 할 인권의 문제들이 있음을 환기시켰다면, 이 책 『상처는 언젠가 말을 한다』에서는 이 땅 곳곳에 아직도 아물지 않은 상처들이 남아 있음을, 그 상처들은 아무리 모른 척해도 언젠가 입을 열고 말을 하게 될 것임을 알리고 싶었다. 우리가 상처 입은 이들이 직접 말을 할 수 있도록 연대하고, 그 말에 귀를 기울일 때 세상은 보다 인권적이 될 것 같다.

이번에도 역시 많은 이들의 힘이 필요했다. 동학농민혁명 장소들에 대한 이해를 넓혀가는 데는 연세대학교 사학과 왕현종 교수의 도움을 많이 받았다. 그는 집강소에 대한 나의 부족한 지식을 메워주는 학술자료들을 제시해주기도 했다. 김제에서 우연히 만난 최고원 씨에게도 뜻밖의 선물 같은 안내를 받았다. 형평운동이 시작된 진주를 돌아보는 데는 김중섭 교수의 조력이 절대적이었다. 형제복지원 생존자인 한종선, 최승우 씨가 함께해주지 않았다면 산속 형제복지원의 흔적에는 접근도 못 했을 것이다. 동두천 미군 기지촌을 안내해준 경기북부평화연대의 최희신 씨의 역할도 빼놓을 수 없다. 애초 동두천 지역에 관심을 갖게 해준 사람이 인권재단 사람의 전 이사 김대용 씨였다. 천주교 순교성지에 대한 시각을 잡아준 박동호 신부, 대전 산내 골령골의 민간인 학살터를 소개해준 대전의 임재근 씨, 광주대단지 사건 현장을 안내해준 하동근 씨와 친구 송경상, 백사마을재생지원센터의 신동우 소장에게도 신세를 많이 졌다. 평소 이런저런 인연으로 알고 지내던 이들의 도움이 없었다면 이 인권기행은 불가능했을 것이다. 그리고 이전 책도 마찬가지이지만 역사적인 사건과 현장에 대한 연구자들의 결과물, 그리고 현지 당사자들의 증언을 이끌어내준 활동가들의 기록은 이 여행의 길잡이였다. 그들의 목소리를 여행기에 담아내려고 했지만 충분하지 못하다.

책을 만드는 과정도 쉽지 않았다. 출판사 클의 김경태 대표의 지적과 보완 요청은 이 여행기를 살려내는 데 결정적 기여를 했다. 성준근 인문교양팀 팀장은 번번이 약속을 어기는 미운 필자에게 한 번도 화를 내지 않으면서 조용히 필자를 이끌어나갔다. 최근에 자신의 사진을 곁들인 책을 내기도 한 한승일 사진작가도 어려운 길을 동행해주었다. 고마울 따름이다.

아울러 주말이면 집을 비우고 답사를 가는 남편을 이해해준 아내 정종숙에게 고마운 마음을 전한다. 그사이에 아내는 등단해서 시인의 길을 걷고 있다. 두 딸들은 첫번째 책도 읽지 않았지만 언젠가 아빠가 낸 책들을 모두 읽어줄 것으로 기대한다.

이처럼 많은 분들의 도움으로 이 책을 냈지만, 2년 전의 책을 쓸 때와 마찬가지로 두려운 마음은 전혀 줄어들지 않았다. 나의 짧은 역사 지식과 사건에 대한 이해가 제일 큰 문제였다. 내가 직접 관여했던 일들은 그래도 기초지식이 있었지만, 그러지 못한 장소를 소개할 때는 글에는 인용하지 못한 수많은 자료들을 뒤적이면서 감을 잡아가야 했다. 하지만 막상 현장을 다녀오면 예상과 달라서 먼저 썼던 글을 뒤엎고 다시 새 글을 쓰기를 거듭했다. 결국 책으로 묶은 글들도 많이 부족할 것이다. 아마도 몇 년이 지나고 다시 그 현장들을 돌아보면 이 책에서 내가 잘못 서술한 점들이나 놓쳤던 점들이 많이 보일 것 같다. 오롯이 저자가 책임을 져야 할 부분이고, 언제고 채워야 한다고 생각한다. 부족한 점을 지적해주면 이후 이 책 개정에도 큰 도움이 되겠다.

이 책이 세상에서 어떤 반응을 받을지 자못 궁금하다. 이 땅의 억울한 상처들이 언젠가 소리내 말을 하기 시작할 때까지 계속 함께할 수 있는 책이 되길 조심스럽게 바라본다. 빨리 코로나19 상황이 종식되어 사람들과 함께 역사의 현장을 돌아보는 날이 오기를 기다린다.

2022년 봄
박래군

인권의
지평을
열어젖힌
갑오년

배들평야에 서서

한국의 역사에서 근대는 언제부터라고 해야 할까? 오래전부터 품었던 의문이다. 신분제의 속박에서 벗어나 개인이 탄생하고, 자본주의적 생산관계가 등장하는 시기를 언제라고 봐야 하는 것인지 궁금했다. 근대라는 시대의 구분에 대해서는 역사학계에서 대체로 19세기 중후반 이후로 의견이 모아지는 듯하다.

　그렇다면 인권의식은 언제부터 싹텄을까? 대한민국 정부가 수립되면서 미국식 민주주의가 도입되고 그로부터 인권의식도 수입되었다고 학교에서 배운 것 같다. 하지만 다른 나라의 민족해방운동은 인권의 역사로 설명하면서 내가 살고 있는 나라의 민족해방운동을 인권의 역사에서 제외하는 건 모순이다. 서양에서는 신분질서의 붕괴와 산업혁명이라는 이중의 혁명으로부터 근대가 시작되고, 그렇게 중세의 봉건질서가 무너지면서 인권의 역사가 시작된다. 그런 기준으로 본다면 우리에게는 1894년 갑오년의 동학농민혁명이 바로 그 시작점이 아닐까? 신분제의 사슬에 묶여 있던 사람들이 그 신분제를 깨기 위해 들고 일어났던 동학농민혁명은 분명한 시대를 넘는 분기점일 것이다.

20여 년 전, 1894년 갑오년 혁명의 유적지들을 찾아나섰던 것도 그런 연유에서였다. 무심히 지나쳤던 전북 지역의 여러 곳이 사실은 농민들의 항쟁 유적지였다. 수많은 농민들이 죽창 하나 들고 새로운 세상을 향해 자신의 목숨을 걸었던 그 거대한 혁명의 과정을 따라가보면 한 시대를 넘는 단서를 발견할 수 있을 것 같았다. 그런 생각에 여러 번 발길을 하게 되었지만, 글로 정리하기란 역사의 문외한에게는 힘에 겨운 일이었다.

동학농민혁명은 전국적인 민民의 반란이었다. 1862년(철종 13년)에도 전국에서 난리가 일어났지만, 그걸 가리켜 '민란'이라고 하는 이유는 도의 경계를 넘지 않아서라고 한다. 그러니까 지금의 광역시도의 경계를 넘어서 다른 시도까지 영향을 미치지 못했다는 것이다. 그때는 몹쓸 짓을 한 현감이니 군수니 하는 관리들을 도 경계 밖으로 추방하는 것으로 끝나곤 했다. 그렇지만 1894년의 난리는 이전의 민란과 달랐다. 호남과 충청 지역에서 시작된 민란이 경상도로 번지고, 강원도, 황해도까지 퍼져간 전국적인 민중혁명이었다.

그러면 1894년, 갑오년의 동학농민혁명 유적지 중 어디서부터 보는 것이 좋을까? 그 전국적인 혁명운동이 시작된 곳에서 출발하는 것은 당연한 일이다. 그래서 나는 전북 정읍의 배들평야부터 찾았다. 배들평야에 가면 만석보유지비萬石洑遺址碑가 있다. 그곳에 가면 보인다. 너른 들이 탁 트여 시선이 막힌 데가 없다. 참으로 드넓은 평야다. 산이 가로막지 않아 하늘과 땅이 맞닿은 지평선을 볼

동학농민혁명의 시발점이라 할 수 있는 만석보가 있던 곳.

수 있는 드문 곳이다. 특히 가을에 가서 보면 시야 가득 넘실대는 황금물결은 장관이다.

　배들평야에 물을 대는 강이 동진강이다. 상두산에서 발원한 동진강은 정읍을 거쳐 와서는 내장산에서 시작된 정읍천과 만나 김제평야를 적시고 서해로 흘러들어간다. 배들이란 지명이 궁금해서 지역 사람들에게 물어보니 옛날에는 배가 들어왔다고 해서 붙은 이름이란다. 배들평야에서 난 곡물, 특히 세곡稅穀으로 모은 쌀을 실어 나르는 배가 들어왔던 곳이라면, 수집한 세곡을 쌓아두었던 세곡창도 있을 법하다. 아마도 이곳의 세곡은 배로 영광 법성포와 군산창으로 갔을 것이고, 그런 뒤에 조운선에 실려서 한양으로 옮겨졌을 것이다.

이곳부터 봐야 하는 이유는 이곳이 동학농민혁명의 시발점이라는 점만이 아니다. 이곳에 와서 보면 조선시대 전체 세곡의 절반을 호남의 평야지대에서 채웠다고 하는 말이 실감나기 때문이다. 그래서 조선 말의 사대부 자제들은 한성의 고위관직에 오르기 전에 꼭 이 지역의 현감이나 군수를 하는 게 소원이다시피 했다고 한다. 그만큼 이곳 농민들은 이래 뜯기고 저래 뜯기는 착취의 대상이 되어야 했다. 손발이 다 닳도록 농사일을 해도 빚더미에 시달리고 추석에 가을걷이를 하고도 배를 곯아야 했던 그 처절한 삶, 이 너른 들판을 두고 굶주려 죽어나갔던 참상에 대해서는 이미 많은 증언들이 있다. 조선 말 재야 사학자 황현의 책 『오하기문梧下記聞』을 번역한 『오동나무 아래에서 역사를 기록하다』에는 당시의 참상을 이렇게 전하고 있다.

근세에는 부패한 관리들의 탐욕과 부정이 날이 갈수록 심해졌다. 호남은 재물이 풍부한 덕에 부패한 관리들이 끝없는 욕심을 채울 수 있었다. 이곳에서 벼슬살이를 하는 자들은 대체로 백성 보기를 양이나 돼지 보듯 하며, 마음 내키는 대로 마구 잡아 죽였다. 평생 놀고먹을 수 있는 기반을 네 번의 고과考課 기간에 모두 마련했다. 이 지경이라 서울에서는 이런 말도 떠돌았다. '아들을 낳아 호남에서 벼슬살이를 시키는 것이 소원이다.'

그 결과 관리는 중국 춘추시대의 대도인 도척이 되고 말았다. 아전은 이 같은 도척의 앞잡이가 되어 살갗을 벗기고 골수를 발라내듯 백성들을 쥐어짜서 거둬들인 장물을 서로 나누어 가졌다. 감영의 아전은 감사의 위세를 빌려 마치 고래가 작은 물고기를 집어삼키듯 여러 고을을 함부로 약탈했는데, 그 기세가 실로 하늘을 찌를 듯했다.

여기서 네 번의 고과 기간이라는 건 2년을 말한다. 그러니까 호남지역에 내려오는 관리들은 2년 만에 평생 놀고먹을 수 있을 만한 재물 긁어모았다는 이야기다. "살갗을 벗기고 골수를 발라내듯" 쥐어짰으니 백성들의 원한은 쌓이고 쌓일 수밖에 없었다. 그런데 거기에 조병갑이라는 희대의 탐관오리가 부임해왔다. 그는 1892년에 고부군수로 부임해오자마자 광산보(구보) 아래에 만석보(신보)를 쌓았다. 신보를 쌓을 때도 재산가의 재물을 강탈하고 백성들을 무일푼으로 동원해 일을 시켜서 원성이 자자했다. 그리고 그해 보세狀稅를 걷지 않기로 약속했던 것을 뒤집고 세를 물리자 민중이 폭발했다고 한다. 전봉준의 아버지 전창혁은 만석보를 쌓는 일에 등소(等訴, 수령에게 여러 사람이 공동으로 건의하는 일)의 수장두(우두머리)로 뽑혀서 조병갑에게 항의하러 갔다가 곧 민란의 주범으로 잡혀서 감옥에 갇혔고, 조병갑에게 곤장을 맞고 장독杖毒으로 죽었다고 전해진다. 전창혁이 죽은 게 1893년 6월이었고, 그가 죽은 곳이 이후 사발통문을 작성했던 주산마을 송두호의 집이었다고 한다.

만석보유지비란 만석보가 있던 곳을 알리는 비석이다. 정읍천이 동진강에 합류하는 그 지점의 바로 아래에 보를 쌓았으니 저수하는 데는 이만한 자리가 없을 듯했다. 그런데 당시 농민들의 입장에서는 불만이 많았다고 한다. 신보를 아래에 쌓으면서 논에 물이 차올라 농사를 지을 수 없었던 까닭이었다. 이래저래 만석보는 백성들 원성의 표적이 되었다. 이 만석보는 동학란에 1차로 부쉈는데, 확실히 없앤 것은 1898년 당시 고부군수 안길수였다. 이를 기념하여 백성들이 '만석보혁파선정비'를 세웠다. 그 비석은 만석보유지비 근처인 예동마을에 있는데, 그간 방치되어 있다가 동학농민혁명 100주년을 맞아서 비각을 세워 보전하고 있다. 최근에 그 비석 옆에 '동학농민혁명 최초 봉기 상징 조형물'도 생겼다.

만석보에서 10킬로미터가량 떨어진 곳에 백산성이 있다. 부안군 백산면 용계리다. 전봉준 장군의 단소와 고택에서 8킬로미터 정도 거리에 있고, 그곳에서 만석보까지는 6.7킬로미터이다. 그리고 다시 만석보에서 말목장터까지는 3킬로미터이다. 1차 동학농민혁명의 주요 유적지가 이곳에 몰려 있다. 자동차로 이동하는 것도 좋지만 남도의 풍광을 느끼면서 걷기에도 맞춤한 거리다.

백산은 해발 47.4미터밖에 안 되는 매우 낮은 산이다. 백제가 망한 뒤 유민들이 백제 부흥운동을 벌였던 곳이라고 한다. 그때 산을 빙 둘러서 타원형으로 테뫼산성(산 정상부에 띠를 두르듯이 축조된 산성)의 흔적이 남아 있다. 동학농민군은 무장읍에서 최초로 기포起包(동학교단은 포 단위로 조직되어 있었다)하고 말목장터에서 1천여

백산성 정자에 올라 내려다보면 배들평야가 멀리까지 한눈에 들어온다.

명이 운집해서 집회를 한 뒤에 이곳으로 이동했다. 지옥 같은 세상
이 뒤집어지기를 바라면서 오히려 난리를 기다렸던 수많은 민중이
이곳으로 모여들었다. 그 수가 1만 명에 이르렀다고 하는데 만약
그 말이 사실이라면 사람들로 발 디딜 틈조차도 없었다는 이야기가

된다. 그렇게 모인 사람들이 "서면 백산白山, 앉으면 죽산竹山"이라
는 말처럼 장관을 이루었을 것이다. 일어서게 되면 흰옷 입은 무리
들이 보일 것이고, 앉으면 죽창이 숲처럼 보였을 것이다. 앉았다 일
어나면서 "제폭구민除暴救民, 보국안민輔國安民" 같은 구호를 우렁차

게 외치지 않았을까? 폭정을 없애고 백성을 구한다는 의미의 '제폭구민'과 나랏일을 돕고 백성을 평안하게 한다는 '보국안민'은 당시에는 시대의 요구가 집약된 말이었다.

지금 백산성에 올라가서 보면 그곳이 요충지였음을 알 수 있다. 배들평야에서 바라보던 지평선도 아득하기만 한데, 이곳에서는 만석보터가 내려다보이고, 시선은 멀리 김제평야까지 닿을 것만 같다. 산 정상에 있는 정자에 올라가 앉으면 더욱 멀리 훤하게 보인다. 그곳 정자에서 가만히 눈을 감아보았다. 그날 이곳에 모였던 사람들은 불안하기도 했겠지만, 새로운 세상에 대한 희망에 들떠 있었을 것이다. 그들이 바라던 세상은 무엇이었을까? 착취와 차별이 없는 평등세상? 군수니 현감이니 아전이니 양반이니 하는 억압자들이 사라지고 서로가 서로를 존중하는 대동세상大同世上?

신분제에 묶여서 차별받고 억압받는 걸 당연히 여기던 선천先天의 세상을 뒤엎고 모두가 존중받는 평등한 세상인 후천後天의 세상은 그야말로 천지개벽이었을 것이다. 그런 후천개벽後天開闢의 열망을 가득 안고 모였던 이들이든, 아니 그냥 배곯아 죽느니 이판사판으로 싸우다가 죽는 게 낫다고 몰려든 이들이든, 헐벗은 민중이 저마다의 꿈을 안고 이곳으로 몰려들어와 함성도 지르고 죽창으로 훈련을 했으리라. 그리고 대오를 지어서 발걸음만은 힘차게 나아갔으리라. 이곳에서만큼은 신분고하를 따지지 않았으니 다른 세상을 맛보기도 했을 것이다. 약한 자들끼리 서로 힘을 합쳐 새 세상을 만들자는 뜻의 '궁궁을을弓弓乙乙' 주문을 외우면서 창의대장(군의 총사령관) 전봉준의 연설에 귀를 기울였겠지. 그런데 그 시절에 1만 명을 상대로 연설을 하려면 그의 목청은 얼마나 컸을까?

창의대장이었던 전봉준은 여기서 농민군의 총대장으로 옹립된다. 그리고 농민군의 4대 행동강령을 발표했다.

사람을 죽이지 말고 재물을 손상하지 말 것.

충효忠孝를 다하여 제세안민濟世安民할 것.

왜적을 몰아내고 성도聖道를 밝힐 것.

병兵을 몰아 서울에 들어가 권귀權貴를 진멸盡滅시킬 것.

'제세안민'은 세상을 구제하고 백성을 평안하게 한다는 의미이고, '성도'는 성인의 도를 일컫는데 성인들의 가르침이라고 해석할 수 있고, '권귀'는 권력자들을 통칭하는 말이니 민비를 위시한 사대부 권력자들을 무찔러 없애자는 결의를 밝힌 것이다. 동학농민군은 처음부터 조정을 향한 반란, 일본 세력의 척결의 의지를 분명히 했다.

하지만 이 강령을 봤을 때 좀 실망스러운 점이 있었다. '충효'라는 봉건적인 질서를 넘어서지 못하고 있기 때문이다. 사실 그 점은 무장에서 기포할 당시에 발표했던 창의문에서도 마찬가지다. 후천개벽의 세상을 열겠다고 나선 동학농민군이 아니었던가. 시대적 한계 때문인지, 그때 동학에 대한 대중의 시선 때문인지는 몰라도 왕조를 부정하지 않는 점이 곳곳에서 발견된다.

여전히 형형한 눈빛의 전봉준

다음에 찾아갈 곳은 정읍시 이평면 전봉준 장군의 생가와 단소壇所다. 두 곳이 500미터 정도의 거리에 있으니 장내리의 생가를 들렀다가 창동리 단소로 가도 되고, 단소를 들렀다가 생가를 찾아가도 좋다. 되도록 자동차를 놓고 걸어가기를 권한다.

'조소마을'이라는 표지석부터 마을길을 걸어서 들어가면 중간쯤에 전봉준 장군의 생가가 있다. 담이 황토로 발라져 있는데, 원래부터 그랬는지는 의문이다. 아마도 흙벽돌로 담장을 만들었거나 아니면 싸리로 둘러친 정도였을 가능성이 높지만, 현재는 너무 깔끔하게 정돈돼 있다. 그 안에 초가지붕을 한 흙벽돌집 두 채가 있다. 안채는 가로 네 칸, 세로 한 칸짜리 일자형의 집이다. 오른편부터 부엌과 큰 방, 윗방이 있고, 그 앞에는 자그마한 툇마루가 있다. 불을 때던 아궁이가 있는 끝방 문을 열면 전봉준 장군의 사진이 작은 벽 한가운데에 걸려 있다.

그의 아담한 끝방에는 옛날 선비들이 쓰던 서안書案(앉아서 책을 읽거나 글을 쓰던 낮은 책상) 하나가 덩그러니 놓여 있다. 예전에는 벽에 기대어 책을 보거나 글을 쓸 때 사용했음직한 짚방석도 있었다. 그 방석은 해어져서 양 귀퉁이에 헝겊을 덧대어 기웠다. 그리고 방문 맞은편에 뒤뜰로 향한 여닫이문이 하나 있고, 그 양옆으로 높이가 다른 장이 각각 하나씩 놓여 있었다. 방 안 물건들이 전봉준이 생전에 사용하던 것들은 아니었겠지만, 소박하기 이를 데 없는 선비의 방을 엿본 것만 같았다. 그리고 뒤돌아나와서도 잊히지 않는, 상투

머리 튼 단단한 얼굴의 사내가 뿜어내는 형형한 눈빛. 백 수십 년의 시간이 흘러서도 그 사진 속에는 범접하기 어려운 혁명가의 기개가 서려 있었다. 그 사진을 이곳에서 보니 더욱 그렇게 느껴진다.

담 밖에는 마을의 공동우물이 보존되어 있지만, 옛날의 형태는 아니다. 번듯한 화강암으로 우물의 둘레를 만들어놓았는데, 정비가 지나쳐서 비현실적이다. 전봉준 장군이 참수를 당한 뒤 그의 네 자녀는 종적을 감췄다. 역적의 자식으로 목숨을 부지하기도 어려웠을 터인데, 그중 첫딸은 김제로 들어가서 전봉준의 여식임을 숨기고 살아야 했다. 그런 그가 죽기 전에 비로소 자신의 출생의 비밀을 털어놓았고, 그가 자신이 살던 집으로 지금의 생가를 지목하는데 이 우물이 부정할 수 없는 증거로 제시되었다고 한다. 그때나 지금이나 혁명가의 자식들은 남들이 누리던 평범한 일상도 포기해야 했다. 나머지 자녀들은 또 얼마나 기막힌 삶을 살았을까?

전봉준은 이 집에서 동네 아이들 훈장 노릇도 하면서 후천개벽의 결의를 다졌을 것이다. 갑오년 바로 전 해에 그의 아버지는 곤장을 맞고 죽었다. 이 집에서 살면서 겪은 고초였다. 그는 개인적인 복수를 넘어 세상을 바꿀 꿈을 위해 동분서주하면서 세력을 규합했던 것으로 알려진다. 조선의 절대다수를 이루던 농민의 3분의 1이 동학교도였다는 말이 있을 정도였으니 그의 꿈을 이루기 위해서는 농민들의 힘이 필요했다. 그래서 호남 지역의 힘 있는 동학 접주(지역을 담당하는 동학의 지역 책임자)들을 만나서 봉기를 준비하지 않았을까 싶다. 전봉준은 동학의 접주로 임명된 적이 없었는데 그가 나중에 동학농민혁명의 총대장이 되는 것은 그만큼 지역에서 그에 대한

전봉준 생가의 작은 방에 걸려 있는 사진 속 눈빛이 시선을 잡아끈다.

신망이 높았기 때문에 가능했을 것이다.

밭들 사이로 난 마을길을 걸어서 서남 방향으로 가면 전봉준 단소가 있다. 헛묘라는 말이다. 최근에 전봉준의 묘가 발견되었다고는 하는데 아직은 정확하지 않다. 시신을 누구도 거둘 수 없었던 상황이었으니 묘를 쓸 수 없었을 것이다. 갑오년 혁명 뒤 60년이 지난 1954년, 천안 전씨 종중에서 제단을 설치했다고 하는데, 그때만 해도 '동학란'이었고, 전봉준을 비롯한 혁명의 지도자들을 '동학당의 수괴'로, 참여자들을 '반란군'으로 불렀다고 안내판에 설명되어 있다. 친일파를 중용했던 이승만이 굳이 이들의 명예를 회복시키는 데 관심을 기울일 리 없었을 것이니 그 설명에 고개가 끄덕여진다.

그런데 그 당시에 비를 세우면서 비석에 '갑오민주창의통수 천안전공봉준지단甲午民主倡義統首天安全公琫準之檀'이라고 표기한 게 눈에 들어온다. 굳이 '민주'란 말을 넣은 까닭은 무엇일까? 그때의 그 전쟁이 오늘의 민주주의를 만드는 씨알이 되었다고 생각한 것일까? 그래서 보니 단을 설치할 때 김상기라는 역사학자가 관여했다. 그는 분명히 인식하고 있었으리라. 지금이야 아무렇지 않게 쓸 수 있는 말이지만, 당시에는 독재자 이승만 치하였다. 이 단소는 혁명 100주년인 1994년에 다시 한번 꾸미게 되고, 그때 전봉준이 13세 때 지었다는 「백구白駒」라는 한시와 운명하기 전에 지은 「절명시絶命詩」를 돌에 새겨넣었다. 특히 「절명시」는 가슴을 친다. 세상을 바꾸겠다고 나섰다가 뜻은 이루지 못하고 자신이 처단하려던 세력에 잡혀 죽기 직전의 심경이 그려져 있다.

時來天地皆同力	때를 만나서는 천지가 모두 힘을 합치더니
運去英雄不自謨	운이 다하매 영웅도 스스로 힘을 도모할 길이 없구나
愛民正義我無失	백성을 사랑하고 의를 세움에 나 또한 잘못이 없건마는
愛國丹心誰有知	나라를 위한 붉은 마음을 누가 알까

이 단소는 별도로 정비할 필요가 있다. 단소를 중심으로 너무 많은 조형물들이 어지럽게 놓여 있다. 그림에 여백이 중요하듯이 이런 유적지에도 여백이 필요하지 싶다. 그리고 그곳에서 150미터 떨어진 곳에 전봉준 장군의 아버지 전창혁의 묘가 있다고 하는데, 그곳으로 가는 길도 친절하게 안내해주면 좋겠다.

반란에서 혁명으로

황토현 동학농민혁명기념관을 가기 전에 말목장터를 지나갈 수 있다. 이평면사무소 앞이다. 그곳에 가면 당시 장터에 서 있던 감나무가 있다. 역사의 현장을 지키던 그때의 감나무는 기념관에 옮겨졌고, 지금은 2013년에 심은 감나무가 대를 이어서 그 자리를 지키고 있다. 감나무가 서 있는 장터 자리 대각선 편에 면사무소가 있고, 어울림센터와 같은 주민편의시설도 들어서 있다. 눈대중으로 가늠해보면 여기에 나름 너른 평지가 형성되어 있던 듯하다. 1894년 2

월 15일(음력 1월 10일), 이곳에서 봉기한 농민들은 전봉준의 지휘 아래 고부관아를 쳐들어갔다. 이미 조병갑은 도주한 뒤였지만, 무기고도 헐어 무장했다고 한다. 전봉준은 4월 25일(음력 3월 20일) 무장에서 기포한 다음, 백산성으로 가기 전에 말목장터로 와서 농민군들을 규합했다. 세상이 뒤집힌 것이다. 동학교도만이 아니라 학정에 시달리던 농민들이 합세했고, 이때 충청도의 농민들도 합세했다고 한다. 이미 전라도와 충청도 지역은 반란의 분위기가 무르익어 있었다.

말목장터에 모인 농민들 앞에서 거사를 일으킨 전봉준 장군은 농민들 앞에 서서 일장 연설을 했을 것이다. 그 감나무 앞에서 했을 것인데, 작은 체구에서 당찬 목소리로 외쳤을 법하다. 이렇게 모여서 기세를 올린 농민군은 백산으로 대오를 몰아가고, 거기서 군대를 재편한다. 본격적으로 농민혁명군이 구성되는 과정이다. 그러니까 이곳은 갑오년 봉기의 시작점이다.

거기서 4킬로미터 남짓한 거리에 황토현이 있다. 황토현은 동학농민군의 최대의 전적지 중의 하나다. 5월 11일(음력 4월 7일), 백산에서 이동한 농민군이 최초로 관군을 맞아서 대결을 벌였고, 이곳에서 대승을 거두었다. 노독이 풀리지 않은 관군들을 야간에 습격해 승리를 거두었다.

정부는 매년 5월 11일을 동학농민혁명기념일로 지정하여 2019년부터 기념식을 갖는다. 바로 황토현 전투에서 승리한 날을 기념일로 잡은 것이다. 황토현에 위치한 지금의 동학농민혁명기념관은 김대중 정부 시절에 만들어졌다. 그곳에서는 동학의 발생부터 시작하는 동학농민혁명 과정을 일목요연하게 설명한다. 그리고 조선 후기 농민들의 생활상도 보여주는데, 그중에 양반의 밥상과 농민의 밥상을 나란히 놓은 것이 있다. 양반의 밥상은 산해진미가 가득해서 상다리가 부러질 것 같고, 농민의 밥상은 개다리소반에 보리밥과 김치와 국과 고추장 등 세 가지 반찬이다. 그런데 그 시절 농민들이 이만큼이라도 매 끼니를 먹었을까도 싶다.

송두호의 집에서 작성되었다는 사발통문이 그곳에 있다. 봉기의 최초 결의자 20명의 이름이 둥글게 한자로 표기되어 있고, 그 왼편에 취지문이 국한문 혼용으로 적혀 있다. 사발통문에 이름을 빙 둥글게 적은 이유를 주모자가 드러나지 않게 하기 위해서라고 해석하지만, 그것보다는 모두가 같이 연대해서 책임을 진다는 의미가 아닐지. 그런데 봉기를 결의하는 엄청난 결의문에 다음과 같은 글이 적혀 있다. 기념관에 전시된 그대로를 적어보면 이렇다.

났어 난리가 났어
참 잘되었지
이대로 지내서야
백성이 한 사람이나
어디 남아 있겠나

운율이 살아 있으니 누가 노래로 지었을 것만 같다. 신라시대 「서동요」처럼 이런 노래가 사람들 사이에서 실제 불리지는 않았을지 궁금해진다. 난리라도 나서 지옥 같은 이 세상이 뒤집히기를 희

체계적으로 정리된 혁명 과정을 알고 싶다면 동학농민혁명기념관에 들러야 한다. 어린이 전시실도 알차게 구성되어 있다.

망하는 민중의 정서를 잘 표현하는 글귀다.

지금의 기념관 앞의 황토현을 건너면 맞은편에 전두환이 만든 건물이 하나 더 있다. '구민사'란 이름의 기념관이다. 여기에 대해서는 따로 설명할 게 없다. 사실 본 기념관에 내용들이 다 있으니 말이다. 그런데 그 앞에 전두환 때 이 시설물을 세웠다는 비석이 하나 서 있다. 거기 '전두환'이란 이름이 손상돼 있다. 아마도 돌 같은 것으로 쪼았을 것이다. 그래서 비석을 교체했는데도 또 그렇게 됐다고 했다. 전두환은 자기도 전씨이니 동학농민혁명을 이용하고 싶었을 것이다.

구민사 뒤편 언덕길을 올라가면 정상에 기념탑이 우뚝 서 있다. 이건 박정희 작품이다. 1963년 대통령 선거 직전에 뚝딱 만들었으니 자신의 쿠데타를 동학농민혁명과 연결하여 구국의 결단으로 포장하려 했을 것이다. 수탈에 신음하던 농민들의 봉기에 자신의 쿠데타를 갖다붙인다는 발상이라니, 이런 억지가 없다.

동학농민혁명이 제자리를 잡게 한 것은 이런 독재자들이 아니라 역사학자들과 활동가들이었다. 특히 혁명 100주년이었던 1994년에 대대적인 행사들이 개최되었고, 2004년에는 '동학농민혁명 참여자 등의 명예회복에 관한 특별법'이 만들어졌다. '반란'에서 '혁명'으로 오기까지 110년의 시간이 흘렀다. 황토현은 2021년 현재 한창 공사 중이다. 2022년, '동학농민혁명국가기념공원'이 문을 열면 뜰을 걸으면서 당시의 상황을 회상해보게 될 것 같다.

근대 시민의 탄생

잠시 갑오년 동학농민혁명 과정 중 1차 봉기 때의 상황을 정리해보면 이렇다. 1894년 2월 15일 고부에서 봉기를 일으켰던 전봉준은 주위를 돌아다니면서 세력을 규합한다. 4월 25일(음력 3월 20일), 전라도에서 가장 세력이 큰 손화중이 장악하고 있던 고창 무장에서 기포를 했고, 5월 11일 황토현 전투, 5월 27일 황룡강 전투에서 승리한 다음 5월 31일(음력 4월 27일)에 전주로 무혈 입성한다. 6월 10일(음력 5월 7일)에는 전주화약을 맺고 농민군이 전주에서 빠져나온다. 그런 다음에 전라우도 지역은 전봉준이, 전라좌도는 김개남이 돌면서 지역 기반 다지기에 들어간다. 그런데 7월 23일(음력 6월 21일)에 일본군이 경복궁을 점령하는 것을 계기로 전라감사 김학진과 전봉준 사이에 '관민상화官民相和'의 원칙에 따라 전라 지역에 집강소를 설치하여 관과 민의 이중권력 체제가 형성된다.

김덕명이 장악한 김제 지역은 다른 지역보다 집강소 중심으로 폐정개혁弊政改革(지금의 말로는 적폐청산이 아닐까)이 원활하게 이루어졌다. 그러자 온갖 멸시와 차별을 당했던 백정 동록개가 신분차별이 없는 새로운 세상을 만들어달라면서 자신의 집을 동학농민군에 기부하기까지 했다. 원평의 집강소가 바로 그곳이다. 정읍의 동학농민혁명기념관에는 집강소를 현재의 지방자치제와 비교하여 도표로 설명한 게 있었다. 그에 따르면, 집강소는 집강-서기-성찰-집사-동몽의 직을 두고 운영했는데, 집강은 단체장·시장·군수, 서기는 단체장 비서, 성찰은 청원경찰, 집사는 행정공무원, 동몽은 사회복무요원에 대응되어 있다. 나름 이해하기에는 좋지만 그렇게 딱 맞아떨어지는 설명은 아닌 것 같다. 도리어 집강소는 치안유지기구에 더해서 폐정개혁 추진기구였을 것으로 보인다.

폐정개혁안을 보면, 동록개가 감격할 만도 하다.

① 도인道人과 정부와의 사이에는 숙혐宿嫌을 탕척蕩滌하고 서정庶政을 협력할 것
(동학군과 정부 사이에는 오래된 혐의를 씻어내고 정사에 협력할 것)

② 탐관오리는 그 죄목을 사득査得해 일일이 엄징할 것
(탐관오리는 그 죄목을 조사해 일일이 엄하게 다스릴 것)

③ 횡포한 부호배富豪輩를 엄징할 것
(횡포한 재산가 무리를 엄하게 다스릴 것)

④ 불량한 유림儒林과 양반배兩班輩는 못된 버릇을 징계할 것
(불량한 유림과 양반 무리는 못된 버릇을 징계할 것)

⑤ 노비 문서는 불태워버릴 것

⑥ 칠반천인七班賤人의 대우는 개선하고 백정白丁 머리에 쓰는 평양립平壤笠은 벗어버릴 것
(승려·광대·기생·무당·점쟁이·갓바치[피공]·백정 등 천인들의 대우는 개선하고 백정의 머리에 쓰는 대나무 평량갓은 벗어버릴 것)

⑦ 청춘과부靑春寡婦의 개가를 허락할 것

⑧ 무명잡세無名雜稅는 일체 거두어들이지 말 것

(정당한 세금이 아닌 각종 명목으로 거둬들이는 잡세를 금지할 것)

⑨ 관리 채용은 지벌地閥을 타파하고 인재를 등용할 것

　　(관리를 채용할 때 지연과 학연 등을 타파하고 인재를 등용할 것)

⑩ 왜倭와 간통奸通하는 자는 엄징할 것

⑪ 공사채公私債를 막론하고 기왕의 것은 모두 무효로 할 것

　　(공적이든 사적이든 이전의 부채는 모두 무효로 할 것)

⑫ 토지는 평균으로 분작分作하게 할 것

　　(토지는 경작하는 농민에게 나누어 경작하게 할 것)

이 개혁안이 김학진과 전봉준 사이에 합의된 것이라고 하는데 당시로는 파격적인 내용이다. 조선의 기틀이었던 신분질서를 부정하는 내용이 농민군 대장과 관을 대표하는 감사 사이에 합의되었다는 것이 놀랍다. 특히 ⑤, ⑥, ⑦번은 신분제 사회를 부정하는 혁명이다. 농민군 사이에 반상의 차별이 없었고, 백정이라고 멸시하지 않았고, 여자도 아이도 동등하게 대우하고, 서로 존칭하고, 같이 절을 했다고 한다. 그런 동학농민군의 이념이 어느 정도는 반영되었던 것으로 봐야 한다. 전봉준이 사발통문을 작성할 때도, 심지어는 무장에서 기포할 때에도 제기하지 않았던 내용들이다. 신분질서의 타파가 공식적으로 선언되는 순간이었으니 얼마나 감격스러운 일인가.

이 폐정개혁안은 신분제의 타파를 넘어서 경제적인 평등을

지향하고 있음도 주목된다. 당시의 민중이 가혹한 수탈에 극심한 고통을 당했던 현실이 반영되어 있다. 삼정三政이 문란해서 고율의 이자를 물어야 했던 당시의 상황을 거스르고 공사채를 모두 무효로 한다는 것은 양반이나 관료 입장에서는 절대로 수용할 수 없는 일이다. 또 경자유전耕者有田(경작하는 농민이 농토를 소유한다는 뜻)의 원칙도 적용되었다. 이는 농토의 매매를 금지하고, 실제 경작하는 농민들에게 고르게 토지를 분배한다는 것이므로 농민들에게는 그야말로 획기적인 대책이 아닐 수 없었다. 조선 후기에 쏟아졌던 토지개혁의 내용이 이 한마디에 집약되어 사회적 경제를 지향하고 있다.

이런 집강소가 호남지역 53개소에 설치되어 있었다고 하는데 이는 역사적으로 놀라운 일이 아닐 수 없다. 동학교도나 농민군의 힘이 센 곳은 그들이 이 폐정개혁 내용을 주도했지만, 지역 유림이나 토호세력이 강한 곳은 그러지 못했을 것이다. 지역마다 차이는 컸을 수 있겠지만, 최초의 민중자치기구가 버젓이 활동했던 것만큼은 사실이다.

이제 군주가 다스리는 나라의 백성에서 근대의 시민이 탄생하는 순간이다. 서양의 근대 시민혁명기의 인권에서는 자유만 강조되었지 실질적인 평등은 외면한 측면이 있다면, 여기서는 실질적인 경제적 평등까지를 추구한, 그야말로 혁명적인 내용들이 폐정개혁안에 포함된 것이다.

남아 있는 흔적과 사라진 흔적

김제시 금산면 원평리 시외버스터미널 근처, 유일하게 남았다는 집강소를 보러 갔다. 도로변에 복원된 집강소는 너무도 깔끔했다. 1882년 지어졌던 집이고, 1994년에 발견된 상량문이 적힌 보를 그대로 사용했다고 하는데 그외 나머지는 모두 새로운 자재들로 지은 것으로 보인다. 다 허물어져가던 건물을 복원하는 것이야 맞지만 보를 그대로 사용한 것처럼 옛것을 최대한 살려서 복원을 했더라면 하는 아쉬움이 남았다. 세월의 흔적이 지워진 말끔한 집은 아무리 지붕을 기와가 아닌 초가로 덮었다고 해도 옛 정취를 느낄 수 없었다. 집강소 앞에 장승이 두 개 서 있는데, 오른편에는 '동록개의 꿈', 왼편에는 '평등한 세상'이라고 적혀 있었다. 동록개가 꾸었던 그 꿈은 지금도 나를 설레게 한다. 그 꿈을 우리는 지금도 꾸고 있는 것이다.

집강소에서 얼마 떨어지지 않은 곳에 3·1운동 기념탑과 독립운동가인 이종희 장군의 생가와 그를 기리는 비석이 있다. 그곳에서 직진하면 구미란(龜尾卵, 거북 형상의 구미산 꼬리에서 알을 낳는다는 뜻을 가진 마을 이름)이고, 지금의 지명으로는 금산면 용호리다. 그런데 구미란에서 동학농민군의 무덤이 있다는 곳을 도저히 찾을 수가 없었다. 그래서 김제시청에 전화를 했더니 이곳을 설명해줄 수 있는 사람이 있다며 소개해주었다.

작은 차를 끌고 마을로 온 최고원 씨와 반갑게 인사를 나누었다. 그는 김제 지역의 동학농민운동을 연구해온 향토사학자인 부친

김제시 원평리에 복원된 집강소. 이런 집강소가 호남지역에 53개소나 되었다. 집강소 마당은 지역민들의 민원을 해결하는 자리였다(위).
무명 농민군의 무덤 앞은 비슷비슷한 조형물 없이 소박한 팻말뿐이다(아래).

의 일을 돕다가 김제동학농민혁명기념사업회 사무국장을 맡기도
했다. 그의 안내를 받아 함께 동네 뒷산으로 올라갔다. 낮은 산에
오솔길 같은 좁은 길이 나 있고, 길 주변에는 소나무들과 함께 대나
무들이 무성하게 숲을 이루고 있었다. 한 지점에 도달했을 때 최고
원 씨가 멈췄다. '원평 구미란 전투 동학농민군 무덤군'이란 팻말이
있는 곳 주위를 가리켰다.

"여기가 무명 농민군들의 무덤이 있는 곳입니다."

수풀이 덮고 있는 산등성이를 가리키는데 거기 무덤 같은 게
보이질 않아서 우리 일행은 그를 다시 돌아봤다.

"그렇지요. 지금은 워낙 많이 훼손돼서 무덤의 흔적을 찾을
수도 없어요. 우리 어릴 때는 여기 무덤 봉분 같은 것들이 있었지만
요."

그는 이곳에서 나고 자랐다. 어릴 때 여기서 나오는 탄피만이
아니라 유골을 갖고 놀았고, 어른들은 탄피를 찾아서 돈벌이를 했
다고 했다.

우금치 전투에서 대패한 동학농민군은 논산으로 밀렸고, 논
산에서도 쫓긴 농민군은 태인 지역으로 들어오게 되어, 1894년 12
월 21일(음력 11월 25일) 원평천을 건너 쳐들어오는 일본군 및 관군과
이곳에서 전투를 벌였다. 전봉준 장군은 용호리 뒷산인 구미란에
'품品' 자형으로 진을 치고 적들을 맞았다는데 그게 전투에 유리한
진용인지는 잘 모르겠다. 3일간 계속된 전투에서 관군과 일본군은
거의 피해가 없었으나 농민군은 대패했고, 여기서 사망한 농민군의
수는 정확하지 않다.

전투가 끝나고 피란 갔던 마을 사람들이 설을 맞아 마을로 돌아와보니 들판에 농민군 시체가 널려 있었다. 추운 겨울날이라서 시신들은 부패하지 않았고, 곳곳에 그대로 방치되어 있었다. 개들이 시체를 물고 다니길래 동네 사람들이 구미란 기슭에 이들을 묻어주어서 오늘에 이르렀다는 설명이었다.

"전봉준 장군이 이곳을 택한 건 농민군의 가막재가 있어서일 거라고 생각해요."

용호리 뒷산인 구미란을 넘으면 원평인데, 거기로 가는 도중에 가막재가 있었다고 한다. 가막재는 쇳물을 녹여서 총탄을 만들었던 곳이다. 그렇지만 여기서도 전봉준의 농민군은 대패한다. 전봉준 장군은 이곳 전투를 마지막으로 농민군을 해산하고 만다.

"어른들 말씀으로는, 다른 동네 사람들이 몰래몰래 시신을 찾으러 오기도 했다고 해요."

이곳을 왜 발굴하지 않느냐고 내가 물었다.

"하려고 했지요. 그런데 전문가들이 만류하더라고요. 너무 오래되어서 나올 게 없다고."

팻말이 전부인 이곳을 두고 그는 말한다.

"곳곳에 동학 기념물이잖아요. 다들 비슷비슷한 것들로 너무 채우기만 하는 거예요. 여기라도 비워두는 게 괜찮겠다 싶어요."

곳곳에 경쟁적으로 동학유적지를 개발한다고 하는데 가서 보면 죽창 형상의 탑이나 죽창을 든 농민들의 조형물 들이다. 각 지역별 혁명의 특징이 드러나지 않는, 거의 천편일률적인 기념사업으로 넘쳐나고 있으니 감동이 있을 리 없다. '비워둔다'는 그의 한 마디가 마음에 깊게 남았다.

하지만 전봉준, 김개남, 손화중, 김덕명과 같은 지도자들 말고, 이름도 남기지 못하고 죽어간 농민들, 새로운 세상에 대한 염원을 안고 싸움에 나섰던 이들을 어떻게 위령해야 하나 하는 고민도 생겼다. 학자마다 다르지만, 농민군으로 참여한 이들 중 학살당한 이들을 대략 5만 명에서 30만 명까지로 추산한다. 그 많은 농민군들이 이 산하 곳곳에서 무덤도 없이 스러진 채 있어야 하는 것인지 모르겠다.

최고원 씨는 일하다 나와서 가봐야 한다며 우리와 헤어졌는데 우리는 그에게서 들은 학수재 위령각을 찾아나섰다. 학수재는 집강소가 있던 곳에서 가까운 원평로를 따라가다 나오는 낮은 고개에 위치해 있다. 거기에 이 지역의 독립운동 지도자인 이종회 장군과 함께 김덕명, 전봉준, 그리고 이 지역이 낳은 애국지사를 모시고 매년 제를 올렸다. 그 일을 주관했던 게 최고원 씨의 부친인 사학자 최순식 선생이었다. 위령각 앞의 비석들에 그런 대목들이 적혀 있어서 찬찬히 살펴보는데 최고원 씨가 차를 끌고 다시 나타났다. 일하는 곳에 잠깐 양해를 구했단다. 평소에 구미란과 집강소를 해설하는 일을 해왔는데 어디 지원도 없으니 힘들다는 말이 충분히 공감되었다. 집강소에 해설사도 설명자료도 없이 덩그러니 집 한 채만 있는 이유도 이해가 되었다. 김제시가 예산을 안 주니 어쩔 도리 없는 상황인 것이다. 그나마도 최고원 씨 같은 이들이 애를 써서 만들어진 것이라니. 이번 기행에서 그를 만난 건 참으로 행운이었다.

원평을 지나고 다음에 들른 곳은 전북 완주군 삼례읍이었다. 삼례는 동학농민혁명 과정에서 중요한 지역이다. 갑오년의 동학농민혁명은 1894년 2월의 고부봉기로 시작되었지만, 동학도들은 그 이전부터 움직였다. 1892년 12월 20일(음력 11월 2일) 삼례집회는 공주집회, 보은·원평집회와 마찬가지로, 동학 교주 최제우의 신원과 함께 포교의 자유를 요구하는 운동이었다. 특히 호남 지역인 원평과 삼례의 집회에서는 왜적을 물리치자는 척왜양斥倭洋의 주장은 물론 사회개혁적인 요구들이 더 강하게 표출됐다.

또한 동학농민혁명 2차 봉기는 1894년 10월 18일(음력 9월 20일) 삼례에서부터 시작되었다. 1894년 9월 전봉준은 일본군이 정권을 침탈하고 내정간섭이 심해지자 전라도 삼례에 대도소(동학농민혁명기에 집강소를 지휘하기 위해 설치했던 기관)를 설치하고 재봉기에 착수했다. 이후 군기와 군수미 확보에 주력한 전봉준은 논산에서 손병희가 이끄는 동학농민군과 합류하여 남북접 연합군이 되었다고 동학농민혁명기념재단은 설명한다. 그러므로 삼례는 1차를 예비하던 시기나 2차 봉기 때를 보아도 너무도 중요한 지역이다.

그런데 이곳에서 전봉준이 차렸다는 대도소도 없고, 삼례봉기역사광장에도 그런 설명이 너무도 빈약하다. 완주군립 삼례도서관 앞 둥근 광장을 둘러선 조형물들은 강렬한 이미지로 구성되어 있다. 돌무더기 위에 솟아오른 근육질 남성의 우람한 손이 쇠갈퀴를 단단히 쥐고 하늘을 향해 들고 있다. 그 옆에는 남녀의 형상을 조각들이 둥근 천장 위를 덮은 추모탑이 있다. 그런데 이런 조형물들은 여기가 아니라도 동학농민혁명을 기념하는 장소에서는 대체로 마주할 수 있는 것들이다. 반봉건을 넘어 반외세의 봉기라는 역사적인 사건의 의미를 담은 역사광장은 볼 수 없는 것일까?

우리 일행은 내친 김에 전주까지 길을 잇는다. 갑오년 황토현과 황룡강에서 승전보를 울린 동학농민군이 장날을 이용해 전주성에 무혈입성한 것은 1894년 5월 31일이었다. 관군의 공격도 받으면서 농민군이 전주성에 머물렀던 기간은 전주화약이 성립된 6월 11일(음력 5월 8일)까지 12일간이다. 반란을 일으킨 농민군이 전라도 감영을 접수하고 그곳을 장악했다는 것만으로도 놀라운 사변이었다. 더욱이 조선왕조로는 왕조의 시발점이라고 해서 중시하는 경기전이 있는 곳이 아니던가.

전라감영은 감사가 근무하던 곳이다. 전라도 지역을 통할하는 감사는 종3품의 벼슬이지만 물산이 풍부한 호남 지역과 제주도까지 통치하는 권한을 가졌다. 그런 그가 전봉준과 회담을 열어서 폐정개혁안을 수용하고 집강소 운영을 허용하게 된 데는 나름의 급박한 상황 전개가 있었기 때문이다. 전라도 지역만이 아니라 충청 지역의 농민군들은 곳곳에서 산발적으로 봉기를 하고 있었다. 정국이 청일전쟁으로 급히 빨려들어가는 상황에서 먼저 전쟁의 피해를 입은 충청도 지역부터 농민군들이 다시 봉기하기 시작했다. 전라감영의 선화정은 감사가 집무하던 곳인데 전라감사 김학진은 전봉준에게 그 자리를 내주었다. 전봉준은 전라좌우도 대도소를 설치하고 이곳에서 집강소 정치를 지휘했다고 하는데 기록들을 보면 전봉준은 송희옥을 집사로 앉혀놓고 자신은 지역들을 부지런히 돌아다닌 것으로 나타난다. 그가 편히 앉아서 집무를 본 시간은 얼마 되지 않

복원된 전라감영 선화정. 이곳에서 전봉준은 이곳에 전라좌우도 대도소를 설치했다(위).
일본에서 100년을 떠돌다 전주 녹두관에 안치된 무명 동학농민군 지도자의 묘(아래).

을 성싶다.

　사실 전주에 꼭 가고 싶었던 것은 일본에서 100년을 떠돌던 동학농민군 장수의 유골이 안치되었다는 소식을 듣고부터였다. 완산 칠봉으로 가는 길에 있는 완산도서관까지 올라가서 주차장에 차를 대놓고 도서관 옆에 난 나무 데크로 난 계단을 올라간다. 그러면 다시 언덕에 포장된 길이 능선 방향으로 나 있고, 그 끝에 마치 무슨 카페처럼 생긴 건물이 하나 나온다. 녹두관이다. 안으로 들어가니 무명 장수가 돌덩이 아래 안치되어 있다. 그러니까 녹두관은 무명 장수의 추모관이다. 그런데, 진도, 황토현, 구미란 전적지 등에서 유골을 안치하려다가 무산되었다고 하는데 그 연유가 궁금했다. 그곳에서 일하는 분이 완산도서관이 이전하면 그 자리에 전주 지역의 동학농민혁명기념관인 '파랑새관'을 만들겠다는 구상을 들려준다. 또 하나의 비슷한 기념관이 아니라 제대로 된 기념관이 되면 좋겠다는 생각이다.

동학농민군의 꿈

충북 보은의 동학농민혁명기념공원으로 찾아가는 날에는 아침부터 비가 주룩주룩 내렸다. 빗속에서 안내소를 지키던 해설사는 서울 사는 사람이라고 했다. 은퇴한 다음에 자기 고향인 이곳의 기념공원을 안내하는 일을 자원해서 하고 있다고 말한다.

　그는 이곳에 대한 자부심이 대단했다. "이곳은 동학혁명의 처음이자 끝"이라는 그의 말이 틀리지 않는다. 또 우금치에서 대패한 농민군이 전라도 장흥까지 밀리다가 재집결해서 모인 곳이 이곳 북실마을이다. 해가 바뀌어 1895년 1월 12일(음력 12월 17일) 이곳에 모인 1만 명 남짓의 농민군은 관군과 일본군의 야간 기습공격을 받고 처참한 패배를 당한다. 갑오년 동학농민혁명의 마지막 대규모 전투는 제대로 싸워보지도 않고 참패로 끝나고, 이 전투의 패배로 동학농민군은 거의 소멸했다. 이 뒤로 남아서 저항하던 농민군은 대둔산에만 남았다. 대둔산에서 저항하던 농민군도 1895년 2월 18일(음 1월 24일)에 진압당했다. 우금치 전투에서 대패한 뒤에 관군과 일본군은 땅끝까지 쫓아가면서 농민군을 잔인하게 학살했다. 관군의 입장에서는 조선왕조에 반기를 든 반란군이었기 때문일 것이고, 일본군에게는 화근을 없애려는 속셈이 있었을 것이다.

충북 보은은 북실전투 장소이기도 하지만, 동학의 2대 교주인 최시형이 1893년 3월에 교조신원운동을 벌인 곳이기도 하다. 동학의 창시자인 최제우가 1864년 처형당하자 최시형은 관의 수배를 피해서 산골 마을로 숨어들었다. 그는 경상도부터 충청도, 강원도까지, 나중에는 전라도 지역에서도 30년 동안 암약하면서 동학의 교세를 확장했다. 1893년에는 최제우에게 들씌워진 혐의를 벗기 위한 신원운동, 즉 동학 합법화 운동을 벌일 정도가 되었다. 조선 말 당시 전체 인구가 약 1천만 명 정도였는데 동학 교인이 3백만 명까지 이르렀다고 하니 그 교세가 어마어마했을 것이다.

'사인여천事人如天(사람을 하늘처럼 섬긴다)' '인내천人乃天'으로 집약되는 동학사상을 체계화한 것도, 전국에 조직을 뿌리내린 것도

교조신원운동이 일어났고, 북실전투가 있던 보은에는 동학농민혁명기념공원이 있다. 빗속에도 동학농민혁명군 위령탑이 잘 보인다.

최시형이었다. 『한국철학사전』에 나온 다음의 일화는 최시형이 펼치고자 했던 동학사상의 핵심을 말해준다. 해월은 최시형의 호이다.

최해월이 청주를 지나다가 제자인 서택순의 집에 들렀을 때, 그 집 며느리의 베 짜는 소리를 듣고 묻기를, "저 누가 베를 짜는 소리인가?" 하니 서택순이 대답하기를, "제 며느리가 베를 짭니다."라고 평범하게 대답하는지라, 다시 또 묻기를 "그대의 며느리가 베 짜는 것이 참으로 그대의 며느리가 베 짜는 것인가?" 하니, 서택순이 무슨 뜻인지 분간하지 못해 대답을 하지 못했다는 일화가 있다. 이때 최해월은 "도인의 집에 사람이 오거든 사람이 왔다 이르지 말고 한울님이 강림하셨다고 말하라."고 가르친다. 그 당시 집안에서 가장 구박받던 사람이 며느리였다. 이런 며느리를 하느님이라고 선포한 것이다.

동학에서는 한울님이 하늘에 있다고 하지 않고, 모든 사람의 마음속에 있다(시천주侍天主)고 했다. 그러므로 모든 사람은 존엄하고 평등하다고 역설했다. 앞의 인용문에서 해월은 이런 사상을 며느리를 빗대서 설명하고 있다. 신분질서와 가부장질서가 완강했던 조선에서 가장 구박받던 존재인 며느리를 마음속에 한울님을 모신 존엄한 존재로 대하라고 한 것이다. 동학은 모든 사람을 이와 같이 대하라고 일렀다. 모든 사람은 평등하다는 인권사상은 동학에 와서 비로소 체계적으로 정리되었다. 나아가 자연이나 사물까지 공경할 것을 가르쳤다. 한울님이 세상 만물에 깃들어 있으니 함부로 대하지 말라고 했다. 모든 생명이 연결되어 있고, 모든 생명이 존중받아야 한다는 뜻이었다. 동학은 서구에서 발달한 인권사상보다 웅대한 생명관을 보여주었다. 조선을 지배하던 유교와는 전혀 다른 사상이었고, 기존의 지배질서를 부정하는 사상이었으니 지배세력의 입장에서는 얼마나 위험한 사상이었겠는가.

그렇지만 조선 왕실은 이런 후천개벽을 탄압하기에만 골몰했다. 자신들의 지위를 유지하기 위한 방편으로 외세까지 끌어들였다. 1894년 청일전쟁이 일본의 승리로 귀결되자 일제의 압력으로 갑오개혁이 진행되었다. 동학농민군이 주장하던 내용들 상당수가 수용되었지만 일본 외세에 굴복한 결과이기도 하다. 이미 조선은 갑오년에 망한 것이나 다름없었다.

근대를 여는 뇌성과도 같은 후천개벽의 비전은 시대에 뒤떨어진 조선의 지배세력에 배척당했고 학살당했다. 최제우가 그려서 보여주고, 최시형이 체계화하고, 전봉준이 현실에서 이루려던 꿈은 그렇게 실패했다. 그렇지만 학살에서 살아남은 동학교도들은 이후 의병운동에도 참여하고, 천도교로 교명이 바뀐 뒤 일제 강점기에도 여성, 청소년, 어린이 등 당시 소수자의 인권운동도 시작하고 확장해갔다. 그러니 우리나라의 근대를 열어젖힌 것은 동학이었다.

보은의 동학농민혁명군 위령탑은 비에 젖어 있었다. 차별이 있고, 억압이 있던 선천의 세상을 깨고 후천의 세상을 열고자 했던 동학농민군들. 무릎에 죽은 동료를 눕히고 죽창을 불끈 쥔 그들의 시선은 하늘을 향하고 있었다. 나는 그들이 죽어서라도 이루고 싶었던 세상에 대한 꿈을 생각했다.

천주교 병인박해 순교성지

죽음에
맞선
믿음

죽음을 마다하지 않은 사람들

2009년 9월 초, 나는 명동성당으로 숨어들었다. 그해 1월 20일에 발생한 용산참사 사건의 해결을 위한 범국민대책위원회의 공동집행위원장으로 활동하다가 3월 초에 수배자가 되었다. 순천향병원 장례식장 4층에서 6개월을 견디다가 그곳을 탈출한 직후에 같이 수배를 받던 세 명이 함께 명동성당으로 들어오게 된 것이다. 본명(세례명)이 뭐냐는 주임신부님의 물음에 '베드로'라고 거짓말을 했다. 우리는 절박했다. 아마도 신부님은 우리 셋이 거짓말을 하고 있다는 걸 직감했을 터이지만 내치지는 않았다. 게다가 피신처로 내어준 곳이 지하 영안실이었다.

명동성당에 영안실이 있다는 사실을 사람들은 잘 모르는데 대성당을 바라보고 오른편에 위치한 문화관 뒤편, 옛 계성여고 담벼락 쪽에 작은 지하방이 그곳이다. 신앙심이 깊은 분이 돌아가실 때도 이용하지만, 가난한 신도들의 장례식장으로 쓰이는 곳이기도 했다. 그 안은 비좁고, 환기가 잘 안 되고, 빛이 잘 안 들어온다는 단점이 있지만, 불편한 대로 생활을 할 수 있는 시설이 갖춰져 있다.

안쪽으로는 언제건 사람이 죽었다고 하면 염을 할 수 있는 만반의 준비가 되어 있었다. 이곳의 주인공은 연령회 사람들이었다. 그들은 종종 자기들끼리 모여서 염하는 연습도 했다. 그럴 때는 서로 역할을 바꿔가면서 쇠침대 위에 눕기도 했다. 그러다가 한밤중이라도 모여서 염습을 할 도구들을 챙겨서는 사망한 신도를 찾아나섰다. 순전히 봉사로 하는 건데 이들의 태도가 너무 진지하고 헌신적이어서 감동이었다.

이곳 명동성당에도 우리 수배자들이 들어오게 되니 경찰은 순천향병원 장례식장에서처럼 성당을 에워싸고 외부인의 출입을 막았다. 출입 자체가 어려워지니까 신도회장이 우리보고 나가달라고 압박하기도 했다. 우리가 이곳에서 탈출할 것 같은 기미를 보이지 않자 경찰들은 외부 경계는 느슨히 하는 대신 아예 성당 안으로 들어와 우리를 밀착 감시했다. 영안실 밖으로만 나가면 우리 뒤를 열 발짝쯤 떨어져 따랐다. 그렇게 감시는 해도 잡아갈 수 없는 곳이 명동성당이었다.

그곳에서의 수배생활은 답답하고 무거웠다. 나는 시간이 잘 가지 않을 때마다 영안실을 나와서 성당 마당 구석구석을 다녔다. 1892년 착공해서 1898년에 축성을 했다는 명동대성당은 한국 근대 건축물 중 최초의 고딕 양식 건축물로, 규모가 가장 크다고 한다. 사적 제258호로 지정되어 있다. 붉은 벽돌, 검은 지붕의 성당 건물을 위에서 보면 십자가 형태다. 내부는 언제나 경건한 분위기를 자아냈다. 그곳에 들어가면 신도가 아닌 나도 저절로 숙연해졌다.

우연히 마주친 〈사형선고 받으심〉이란 제목의 석조조각은 대

명동성당 사제관 앞에는 인상적인 조각 작품이 서 있다. 장동호, 〈사형선고 받으심〉.

성당 왼편의 사제관 앞에 있다. 머리에 면류관을 쓴 듯한 네모난 얼굴에 눈도 코도 귀도 뚜렷하지 않다. 얼굴 아래 단에는 예수님을 십자가에 못 박았음을 나타내는 쇠못이 세 개 박혀 있다. 그러고 보니 쇠철사로 만든 면류관에도 중간중간에 쇠못이 꽂혀 있다. 위아래의 쇠못들에서 흐른 쇳물이 바위에 그대로 물들어서 마치 핏물이 흐른 자국처럼 보인다. 그 두상을 볼 때마다 발길을 멈추고 생각에 들고는 했다. 예수는 왜 십자가를 마다하지 않았을까? 죽음을 피할 수도 있었을 텐데.

그 두상과 함께 가장 자주 가서 봤던 조각 작품은 문화관 로비에 있던 〈고통Dolor〉이었다. 칠레 대사관에서 기증했다고 하니 작가 로드리고 모레노는 칠레 작가일 것이다. 긴 나무판 앞에 청동 발목이 붙어 있고, 그 발목을 대형 쇠못이 뚫고 들어간 형상이었다. 그 자체로 고통을 드러내기에 충분했다. 그 작품을 보면서 '저런 고통 앞에 물러서지 않고 순교의 길을 간 사람들'로 생각이 미쳤다. 그래서 가게 된 곳이 대성당 뒤편의 지하성당이었다. 그곳에는 낯선 이름의 다섯 분 성인과 성인의 반열에 오르지는 못한 네 분의 유해를 모시고 있었다. 그분들의 유해와 함께 한국 최초의 신부인 김대건 안드레아 신부의 유해 일부도 모셔져 있다. 그 앞에서 무릎 꿇고 묵상하는 사람들의 모습을 볼 수 있었다.

어디에나 고통과 죽음을 떠오르게 하는 요소들이 갖춰진 명동성당에 있는 동안 순교에 대해 진지하게 생각해보게 되었다. 내 머릿속에서 순교는 분신과 자결로 이어졌다. 자신의 신앙을 위해서 목숨을 걸었던 사람들과 민중을 위해서 또는 민주주의를 위해서 목숨을 걸었던 사람들이 서로 연결되는 지점이 있을 것 같았다. 죽음 앞에서 순교자들은 어떤 기도를 했을까? 죽음 앞에서 열사들은 어떤 마음이었을까? 피할 수 있는데도 죽을 줄 알면서 피하지 않았던 사람들.

외부의 종교가 들어올 때는 항상 피를 불렀다. 순교자가 있은 다음에야 그 종교는 이 나라에 발을 붙일 수 있었다. 한국은 가장 많은 천주교 순교자를 둔 나라로 알려져 있다. 유교가 아닌 종교에는 완전히 배타적이었던 조선 후기는 이 나라 종교의 역사에서 너무도 많은 이들이 희생된 시기이다. 천주교 박해는 신해박해(정조 15년, 1791년), 신유박해(순조 원년, 1801년), 기해박해(헌종 5년, 1839년), 병오박해(헌종 12년, 1846년), 병인박해(고종 3년, 1866년) 등 최소 다섯 차례였다. 그렇지만 천주교 신자들은 거의 일상적으로 관청의 탄압을 받아 숨어서 신앙생활을 이어가야 했다. 19세기 후반에는 동학교도들이 집중적으로 박해를 당했다. 그 박해는 학살로 이어졌다. 동학농민혁명 시기에 학살당한 동학교도들은 대략 5만에서 30만 명 정도로 추정된다. 일제 강점기 초기에는 의병운동의 중심 역할을 했던 민족종교인 대종교 신도 10만 명이 학살당했다는 주장도 있다. 이 땅의 순교 역사는 거의 100년간 지속되었다.

절두산, 순교자들을 기리는 곳

정조 사후 19세기 조선은 이미 왕조가 붕괴되어가는 과정이었다. 사대부들은 패를 이루어 권력 다툼에 골몰했다. 동인과 서인, 노론 등으로 분열된 사대부들의 붕당정치, 정조 사후에 등장하는 세도정치는 이미 유교 국가로서의 조선의 정체성을 심각하게 흔들었다. 거기에 서양 제국주의 세력들은 동아시아로 적극적으로 진출하고 있었고, 먼저 개화한 일본도 조선을 호시탐탐 노리고 있었다. 그런 중에 왕족과 사대부, 지방 토호세력의 가렴주구는 더욱 심각해졌다. 곳곳에서 민란이 일어났고, 정도령, 미륵불 사상 등이 유교에 질린 사람들을 포섭했다. 차라리 세상이 망하길 바랄 정도로 고통스러운 상황이었다.

그때 이미 조선에 들어와 은밀하게 전파되고 있던 천주교가 양반층만이 아니라 서민들 사이에서도 퍼져가면서 박해 속에서도 곳곳에 신앙공동체가 만들어지고 있었다. 조선의 지도층으로서는 천주교를 방치하고만 있을 수는 없었다. 우선은 천주교가 전파되면서 신분질서가 무너지는 것, 결국은 자신들의 지위가 흔들리는 것에 대한 우려가 컸을 것이다.

게다가 유교 사회였던 조선에서 제사의례 거부가 박해를 불렀다. 1790년 로마 가톨릭의 북경 교구장 구베아 주교가 제사 금지령을 내렸다. 당시 조선은 북경 교구에 속해 있었으므로 조선의 가톨릭 신도들은 이를 따라야 했다. 1791년 12월에 윤지충과 권상연이 조상의 신주를 불사르고 제사를 거부한 일이 있었는데, 이 일이 알려지면서 신해박해가 일어났다. 천주교인들에 대한 박해의 시작이었다. 제사 금지령은 유교의 입장에서 천주교를 서학西學으로 받아들이던 많은 양반 신도들이 신앙을 떠나는 계기가 되었다면서 『한국천주교회사』에서는 다음과 같이 평가한다.

이후 조선 천주교회는 유교 사회의 테두리 안에서 사회개혁을 추구하고자 했던 성격에서 벗어나 소수의 양반과 다수의 중인·평민들을 중심으로 예수 그리스도의 가르침에 따라 살면서 '하느님의 나라'에 들어가는 것을 더 추구하게 되었다. 결국 천주교는 더 이상 서학이란 학문이 아니라 생활 속에서 직접 실천하는 신앙으로 바뀌었다.

'하느님의 나라'를 일상에서 실천하는 신앙이 수백 년 유교 단일종교인 조선에서 수용될 리가 없었다.

워낙 조선 후기에 전국적으로 여러 차례 박해가 진행되다보니 순교자의 분포도 어느 특정 지역이 아니라 전국에 분포되어 있다. 차를 타고 가다보면 이정표에 성지라고 되어 있는 곳이 제법 있는데 대부분 순교당한 천주교 신자들을 기리기 위한 성지들이다. 다른 종교의 성지들도 드문드문 있으나 천주교만큼 순교의 역사를 자랑스럽게 기억하면서 순교지를 관리하는 곳도 드물다. 신도들은 전국에 있는 순교지들을 방문하게 되어 있다. 순교의 역사는 천주교가 세력을 유지하고 확장하는 중요한 자산으로 활용되고 있는 셈이다.

여러 박해 중에 병인박해의 희생자 규모가 컸다. 대원군에 의해서 자행된 이 박해 시기에 최소 8천 명 이상이 순교한 것으로 추정된다. 병인박해의 현장을 찾아보기로 한 것은 이런 이유도 있지만, 서울에서 쉽게 찾아가 찾아갈 수 있는 곳이기도 해서였다. 서울 지하철 2호선을 타고 시내로 출근하는 사람들이라면 당산역을 지나 양화대교에 올라 합정역으로 가기 전에 오른편에 있는 절두산을 보게 된다.

절두산순교성지를 제대로 방문한 건 2014년 여름이었다. 세월호 참사가 일어나고 나서 국민대책회의를 만들어 매일 대응을 하

던 시기였다. 광화문광장에서는 땡볕 아래에서 진상규명특별법 제
정을 요구하는 유가족들의 단식농성이 진행되고 있었다. 세월호 참
사 100일 행사를 며칠 앞두었던 어느 날이었을 것이다. 그해 8월
15일 천주교 프란치스코 교황이 방한하여 광화문광장에서 대대적
인 미사를 드리기로 예정되어 있었기 때문이기도 했겠지만, 세월호
참사 이후 숨 막히듯 답답한 마음이 그리로 이끌었는지도 모른다.
기도라도 하고 싶고, 뭐라도 의지하고 싶을 만큼 나는 지쳐 있었다.

　이름부터 범상치 않았다. 절두산切頭山, 머리를 잘라낸 산이라
는 뜻이니, 이곳에서 참수를 했던 역사가 이런 이름으로 남아 있다.
원래 누에의 머리를 닮았다고 해서 잠두봉, 용의 머리를 닮았다고
해서 용두봉이라고 불리다가 대원군 시절의 병인박해 시기에 워낙
많은 사람들이 이곳에서 참수를 당하고 난 다음에는 절두산이란 이
름으로 고착이 되었다는 설명이다.

　쇄국정책을 이어가던 대원군은 당시의 여러 정세로 인해서
1866년 정월에 천주교 탄압을 공포한다. 당시 천주교인들은 특별
히 드러난 활동을 하지 않았지만 교우촌을 중심으로 교세를 확장해
가고 있었다. 대원군은 초기에 천주교를 탄압하려는 의도보다는 프
랑스를 이용해서 남하하려던 러시아를 저지하려 했다고 한다. 그렇
지만 중국에서 천주교에 대한 탄압이 본격화되고, 조선 조정 내에
서도 중국을 따라 천주교를 탄압하자는 여론이 일자 대원군은 조선
에 들어와 활동하던 프랑스 선교사들을 처형하면서 병인박해가 시
작되었다. 그 뒤 6년 동안 자행된 박해로 인해 공식적으로 8천 명
넘는 사람들이 죽임을 당했다. 그러니까 조용히 활동을 하던 천주

한국천주교순교자박물관은 갓 모양의 병인박해 100주년 기념성당과 붙어 있다.

교에 종교 탄압을 한 것이 병인박해다.

한국에 들어와 있던 프랑스 신부 12명 중 9명이 처형당할 때 살아남은 리델 신부가 청나라로 탈출하여 이런 사실을 알렸다. 그러자 청나라에 있던 프랑스 함대가 조선으로 진출하여 그해 10월 강화도를 한 달간 점령하면서 프랑스 신부 처형에 항의하는 동시에 통상 요구를 하는 병인양요가 발생하게 된다. 병인박해는 전국에서 진행되었는데, 대원군은 서울에서는 한국 최초의 신부 김대건을 처형했던 새남터나 국가 범죄자들을 처형하던 서소문 네거리가 아닌 이곳을 천주교 신도들의 처형 장소로 정했다. "양이洋夷로 더럽혀진 한강물을 서학 무리들의 피로 씻어야 한다"라는 대원군의 말이 전해지는데, 보란 듯이 서양 오랑캐를 향해 완강한 쇄국의 의지를 보이려는 만용에서 비롯된 것이 아닌가 싶다.

절두산순교성지는 절벽 위에 구축된 성지다. 조선 시대에 이곳 경치가 빼어나서 한강 물에 배 띄우고 즐겼다는 말이 나올 법도 하다. 절두산 성당은 대지를 훼손하지 않는다는 조건으로 지어야 했던 건축가의 기지와 지혜가 발휘된 건축물이다. 절두산 봉우리 위에 건물을 올린 것이다. 가파른 계단을 올라가면 병인박해 100주년 기념성당인데, 계단 옆에는 쌍기둥들이 받치고 있는 한국천주교순교자박물관이 붙어 있다. 이곳에는 조선 초기 천주교의 역사를 자세하게 설명하는 각종 서지 등을 볼 수 있다. 순교 당시의 옥사와 형구들을 볼 수 있게 전시해놓았고, 해설사가 친절하게 설명해준다.

광장으로 나가면 십자가의 길 등으로 이어지는데 이런 장치들은 어느 성당이나 볼 수 있는 모습이지만, 광장의 마지막 끝 지점에 가면 성 남종삼 세례자 요한 상 등 순교자들을 기리는 비석들이 모여 있다. 그중 박순집 베드로의 묘와 일가족 16위 순교자 현양비가 있는데, 거기에는 "부친·형제·삼촌·고모·형수·조카·장모·이모에 이르기까지 한 집안 열여섯 명"인 박순집 일가의 순교가 기록되어 있다. 그 시대에 온 집안이 모두 천주교인이 되어 박해로 죽어갔다는 것인데, 무엇이 그들을 순교로 이끌었을까 생각하게 된다. 천

대원군 척화비 왼편으로 김대건 신부 좌상이 놓여 있다.

주교가 내세웠던, 모든 사람은 하느님의 자녀라는 평등주의 교리 때문일까? 하느님의 나라가 전하는 구원의 메시지가 그리도 강렬했던 것일까?

　광장 한가운데에는 김대건 신부상이 우뚝 서 있다. 한강 쪽 광장 끄트머리에는 대원군이 프랑스 함대를 물리치고 세웠을 것으로 보이는 척화비가 서 있다. 척화비 왼편 느티나무 옆에는 김대건 신부가 앉아서 묵상하는 듯한 모습의 좌상이 있다. 대원군이 척화의 의지를 나타내기 위해 비를 세웠다면, 그 좌상은 대원군의 박해에도 굴하지 않는 한국 천주교의 의지를 나타내는 것으로 보였다.

　성당과 박물관이 올라서 있는 절벽 아래쪽에 눈길을 끄는 조형물이 있다. 순교자 기념탑이다. 이춘만 조각가의 작품이라고 하

절두산 절벽 아래에 있는 절두산 순교자 기념탑.

는데, 당시 옥사에 갇힐 때 썼던 칼을 크게 형상화한 주탑 오른편에
는 사람들이 부조되어 있고, 그 위에 사람 머리가 올려져 있다. 절
두인 것이다. 그리고 왼편에는 무명 순교자들을 조각해놓았다. 절
두산에서 있었던 병인박해를 가장 잘 표현하는 조형물이 그곳에서
한강을 바라보고 있다. 나도 무심히 흐르는 강물을 보다가 이름도
없이 스러져 간 이들을 생각하며 거대한 석상 앞에서 잠시 고개를
숙였다.

해미, 잔인했던 탄압의 흔적

병인박해 때 가장 많은 이들이 순교한 곳은 충남 서산의 해미일 것이다. 해미읍성은 잘 보존되어 있는 조선시대의 성이다. 홍성군의 홍주읍성과 같이 충남 내포內浦 지역을 대표하는 읍성으로 돌을 쌓아서 성벽을 만들었는데 그 길이가 1800미터다. 진남문(정문)으로 들어가면 평지에 곧바로 동헌과 객사가 나오고 그 뒤로는 야트막한 산이 이어져 있다. 관리가 잘되어 있어 주민들도 많이 찾고, 관광객도 많이 온다. 예전에는 성벽 위에 올라가 걸을 수 있었는데, 요즘은 성문 위까지만 올라갈 수 있다.

해미海美. 바다가 아름답다는 뜻인데, 옛날에는 지금보다 바다가 가까웠던 모양이다. 해미와 홍성 지역에는 왜구들의 침범이 잦아서 성을 쌓고 이를 방어하는 진지로 활용했다고 하고, 이곳을 다스리는 종3품의 겸영장이 충남지역의 13개 군현을 다스렸다고 하니 지금보다는 위세가 대단했던 곳이다.

조선에 천주교가 유입되는 경로는 첫번째로 북경을 통한 육로가 있었고, 다음으로는 해로가 있었다. 따라서 천주교 유입 초기부터 충남 내포 지역은 천주교의 선교 거점 역할을 했다. 그런 탓에 천주교 박해도 극심했지 싶다. 해미읍성은 병인박해 시기 이전부터 내포 지역 천주교 신도들을 잡아와 옥에 가두고 처형했던 곳이었다. 병인박해 때는 이곳에서 1천 명 이상이 죽임을 당했고, 인근 홍주읍성에서는 200명 넘게 희생되었다고 한다.

언덕 아래 동헌으로 가는 길목에 예전의 옥사가 복원되어 있다. 조선시대 감옥의 형태가 궁금하면 이곳에서 알 수 있다. ㄱ자의 형태의 서너 칸 한옥인데, 나무기둥 사이로 좁은 나무판들을 질러서 창살을 만들었다. 안이 훤히 들여다보인다. 바닥은 짚이나 갈대 등속을 깔았다. 그 안에 큰 칼을 쓴 죄수들이 앉아 있다. 마당에는 십자형의 곤장대가 있고, 그 위에 죄수를 묶어서 곤장으로 내리친다. 병인박해 때 끌려왔던 천주교 신도들이 이곳을 꽉 채웠을 것이다. 그중에 양반 신분의 사람들은 공주나 다른 곳으로 보내고 신분 낮은 사람들은 이곳에 가두어놓고 신문을 했다.

옥사 앞에는 수령 300년쯤 된 큰 회화나무가 그늘을 드리우며 서 있다. 천주교 신도들을 옥에 가두었다가 끌어내서 이 나무에 매달아 고문을 하고 죽이기도 했다고 하는데, 그때 철사로 묶었던 자국이 나 있던, 옥사 쪽으로 뻗은 나뭇가지는 잘려져 있다. 고사 직전의 나무의 줄기 한가운데가 썩어서 움푹 들어가 있는데 거기에 비가 안 들어가게 메우는 외과수술을 통해서 나무의 생명을 연장시키고 있었다. 줄기는 수술을 받았지만, 나뭇잎은 무성했다.

그때 천주교 신도들을 처형했던 방식은 이것만이 아니다. 효수는 죽인 다음에 목을 잘라서 매다는 것이고, 교수형은 목을 매달아 죽이는 방법이다. 그런데 백지사형, 동사형, 자리개질 같은 방법도 동원되었다. 백지사형은 일종의 물고문과 같은 것이다. 풀어낸 머리카락으로 손을 묶어 얼굴이 하늘을 향하게 한 다음 백지를 얼굴에 덮고 그 위에 물을 뿌려 죽였다고 한다. 동사형은 한겨울에 알몸으로 벗겨서 실외에 묶어 앉혀놓고 그 알몸에 물을 뿌리는 방법이다. 자리개는 예전에 벼 타작을 할 때 봤던 굵은 동아줄이다. 이

해미읍성의 옥사 앞 회화나무. 천주교 신도들을 고문하는 도구가 되기도 했다.

동아줄로 볏단을 묶어서 돌 같은 데 메치면서 벼를 털고는 했다. 그런 방식으로 사람을 자리개로 묶어서는 돌판에 메치는 것이었다.

　해미읍성 서문 밖에는 개천이 흐르고 있었고 개천을 건너는 돌다리가 있었다. 이곳에서 천주교 신도들을 자리개로 묶어서 그 돌판 위에다 메쳐서 죽였다. 그러니 사람의 몸뚱이가 돌에 으깨졌을 터였다. 2021년 6월에 해미읍성을 방문했을 때 마침 서문이 열려서 나가봤더니 자리개질을 했던 돌판은 모형만 남아 있었다. 도로가 나면서 개천이 메워지게 되니 그때의 돌판을 해미국제성지로 옮겼다고 했다.

해미국제성지는 해미읍성을 나와 서쪽 방향으로 걸어가 해미천을 건너면 나온다. 읍성에서 이곳까지 1.5킬로미터 거리이니 걸어서도 20분 정도면 도착할 수 있다. 이 성지는 2014년에 프란치스코 교황이 방문하고 간 뒤에 교황청에서 2020년에 국제성지로 지정했다. 이 성지 입구에는 원형의 큰 성당이 자리 잡고 있다. 성당 오른편으로 내려가면 둥근 지붕을 잔디로 덮은 작은 기념관이 나온다. 그 안에 당시의 순교 장면들을 부조로 떠놓고 그림으로 그려서 걸어놓았는데 여기가 그야말로 지옥도 자체였다. 둥근 벽을 따라서 들어가면 정면에 순교했던 분들의 유해가 가운데 놓여 있다. 치아와 턱뼈, 작은 뼈들이 가지런히 정돈되어 있다. 양옆에는 이곳에서 순교한 분들 수십 명의 이름을 적었는데, 성만 있는 경우도 있다. 1천 명 이상이 죽었다는데 그들은 신분이 미천한 사람들이라서 기록으로 확인될 수 없었던 탓이리라.

그곳을 나오면 오른편에 해미읍성의 자리개질하던 돌판이 있다. 그건 모형이 아니라 실물이다. 자리개 돌을 지나서 안쪽으로 들어가면 작은 연못이 있다. 그 연못의 이름이 진둠벙이다. '죄인 둠벙'으로 불리던 게 훗날 이 말이 줄어서 진둠벙이 되었다는 설명이다. 연못 안에 사람들의 모형이 있다. 한결같이 묶여 있다. 이 성지 바로 옆에 해미천을 건너는 진둠벙교가 있는데 그곳에서 이렇게 생매장을 했다고 한다. 기념관 안에 있는 그림은 당시의 사람들을 생매장하던 모습을 묘사했다. 사람들을 밧줄로 묶고, 돌도 매달았다. 일제 강점기부터 유해 발굴을 시작했다고 하는데 뼈들이 누워 있는 게 아니라 서 있었다고 하니, 마지막까지 편히 눕지를 못하고 선 채로 죽어갔던 것으로 추정된다. 천주교 신도들을 워낙 많이 처형해야 해서 이렇게 대량으로 손쉽게 죽이는 방법을 동원했다고 한다.

진둠벙 연못 옆에는 검은 돌로 된 좌석 100여 개가 줄을 맞추어서 놓인 노천성당이 있다. 유해 발굴지에서 나온 돌을 깔아놓은 것이다. 그곳에서 미사를 드리면 숙연한 분위기가 저절로 조성될 것 같다. 그 불편한 자연석 위에 앉아서 순교자들을 기억하는 미사만큼 신앙심을 돋우는 기도가 있을까? 이곳이 국제성지로 지정될 만하다 싶었다. 성지 안에는 무명 순교자의 무덤도 있고, 곳곳에 순교자를 기억하는 차분한 장치들이 마련되어 있다. 진둠벙이 있던 곳을 포함해 이 지역의 지명은 '여숫골'이다. 순교를 당하는 이들이 "예수 마리아"를 마지막까지 간절히 외치며 죽어갔는데, 그 소리를 사람들이 "여수머리"로 잘못 들어서 생긴 이름이라고 한다.

그런데 천주교 박해 시기에 배교의 방법은 무엇이었을까? "나는 하느님을 믿지 않는다"라고 진술하면 그것으로 끝나는 것이었을까? 진심이 아니라 그 절박한 상황을 모면하기 위해서 거짓말을 하는 경우도 있었을 텐데, 그건 누가 판단한 것일까? 일본에서는 에도 막부 시절부터 메이지 유신 때까지 이른바 '십자가 밟기'라는 후미에踏み絵가 있었다. 후미에는 십자가와 예수상이 그려진 동판인데, 이것을 발로 밟고 지나면 배교로 인정한 것이다. 머뭇거리거나 눈빛이 흔들리면 그건 배교의 뜻이 없는 것으로 판단해서 죽

해미읍성 서문 밖에 있던 자리개돌의 실물(위).
유해 발굴지의 돌로 만든 노천성당(아래).

였다고 했다. 조선에서는 어떤 방법이 동원되었을까? 해미국제성지를 나오면서 들었던 의문이었다.

순교가 가져온 신앙의 자유

서양에서는 중세에서 근대로 넘어오는 과정에서 천주교가 아닌 다른 신앙을 통제하는 방법으로 마녀사냥이 동원되었다. 마녀라고 지목된 자는 화형 등으로 처형하면서 공포를 조장하고, 사람들을 천주교에 붙들어두려던 것이다. 이러한 극단적인 신앙 강요를 넘어서고 나서야 인권이 발전했다. 조선에서도 유교 성리학이 아닌 다른 신앙의 길을 선택했던 사람들이 순교의 길을 택함으로써 신앙의 자유가 열렸다. 사상과 신앙, 양심의 자유는 절대적 자유다. 누구도 건드릴 수 없는 인권의 영역이다. 내심의 자유를 통제하려고 할 때 인권침해가 발생한다. 사상 전향과 같은 한국의 국가 폭력이 그 대표적인 예다.

그런데 그 시대에 조선인들은 왜 외래 종교인 천주교를 가슴 깊이 받아들였을까? 중세 서양의 천주교는 부패하고 타락한 종교였고, 그래서 종교개혁이 일어났다. 서양에서 보수적인 가치와 질서를 대변하던 종교가 이곳 조선에서는 해방의 신앙이 되었다. 신분제에 묶여서 굴종의 삶을 견뎌야 했던 조선인들에게 "모두가 하느님의 자식"이라는 평등사상은 짙은 어둠 속의 등불이었을 것이다. 양반과 상민, 노비가 같이 어울리는, 나아가 남자와 여자가 동등한 대우를 받는 그런 예배가 당시 조선 민중의 열망을 대변했을 것이다. 마치 동학교도들이 동학이란 종교 안에서 처음으로 인간적인 대우를 느꼈고 그래서 동학이 제시했던 후천개벽에 목숨을 걸었던 것처럼, 천주교를 접한 조선인들은 그 안에서 일종의 인간존엄성을 발견했을 것이다. 그런 신앙이 자라 마음속에 굳건히 뿌리를 내리면 그건 어떤 폭력으로도 굴복시킬 수 없는 힘을 갖게 되는 것 같다. 더욱이 고통받는 현실에서 벗어나 부활의 삶을 살 수 있다는 믿음까지 더해졌으니 죽어가는 순간까지도 "예수 마리아"를 간절히 부르며 순교의 길을 간 것이리라.

어쩌면 한국현대사에서 나타나고 이어져온 분신·자결과 같은 저항도 그런 의미가 아닐까 싶다. 자신의 몸을 희생해서 자신의 신념을 표현하는 것. 약자들은 존엄하게 대우받지 못하던 독재의 시대에 저항의 방법은 자신의 몸을 던지는 것이었다. 그럼으로써 그들은 불의한 현실에 저항하고, 사람들의 마음속에 그 뜻을 깊이 새긴다. 그러나 어떤 경우든 자신의 신념을 표현하기 위해서 아니 지키기 위해서 목숨을 걸어야 하는 사회는 잘못된 사회다. 생명을 살리는 일이 인권인데, 순교와 분신·자결이 벌어진다는 것은 인권이 제대로 자리잡지 못하고 있다는 증거다.

조선 후기 100년 동안 이어졌던 끔찍한 천주교 박해는 1886년 조불수호통상조약이 맺어지면서 끝난다. 이때는 이미 조선 정부는 외세의 압력을 이겨낼 동력을 상실했다. 그 조약을 통해서 선교의 자유가 묵인되었다. 죽음을 피해서, 배교의 압력을 피해서 깊은 산골짜기로 들어가 신앙공동체인 교우촌을 유지하던 이들이 더는 숨어 살지 않아도 되는 세상을 맞았다. 충북 제천의 배론성지와 강원도 횡성의 풍수원성당 등 전국 곳곳에서 그런 교우촌 자리들을 만난다. 그들은 교우촌에서 화전을 일구고 숯이나 옹기를 만들며 가난하고 비참한 생활을 연명했다. 그 시기의 교우촌은 초기 기독교 공동체와 같은 소박함과 진정성이 있을 듯싶다. 이 조약으로 프랑스 정부의 힘을 뒤에 업은 프랑스외방선교원 소속 신부들의 자유로운 선교활동 덕에 천주교는 급격하게 신도들을 불려나갔다. 그러자 몇 년 안 돼서 '양대인자세洋大人籍勢'라는 말이 생겨났다. 양대인은 서양 선교사들을 부르던 경어다. 그러니까 힘이 센 양대인의 힘을 빌린다는 의미다. 양대인과 그에 빌붙은 세력들이 저지른 민폐는 '교폐敎弊'라 했고, 교회와 민간인의 이익이 충돌할 때 소송으로 번지는 문제를 '교안敎案'이라 했다.

선교의 자유를 획득한 뒤에 거의 치외법권적 특권을 부여받은 외국 선교사와 천주교인은 곳곳에서 악행을 저질러 원성을 샀다. 제주도에서도 천주교인들이 폭행, 강간 등의 범죄를 저지르고 성당으로 피신했는데, 그것을 제주도의 지방관아에서는 손을 쓰지 못했다. 그러던 중 대정읍에서 성당 건립을 둘러싸고 주민들과 천주교가 대립하는 과정에서 주민이 죽게 되는 일이 생기면서 민심이 폭발했다. 더욱이 관에서 세금을 징수하는 일까지 겹쳐서 난으로까지 번졌다. 대정에서 봉기한 이재수 등은 제주성에 쳐들어가 그곳에 피신해 있던 천주교인들 300명 이상을 학살하고 시신을 들판에 유기했다. 이런 문제로 프랑스 군함이 제주도 앞바다에 출동하고, 일본군도 움직이는 긴박한 상황이 되자 조선 조정이 나서서 사태를 수습한다. 결국 이재수 등은 1만 명의 민중을 해산하고 자수한 뒤 참수당했다. 1901년 신축년에 제주도에서 일어난 이 난을 '신축민 란'이라고 하고, 사람들은 이 난의 주동자였던 이재수의 이름을 따서 '이재수의 난'이라고도 부른다.

천주교는 순교의 과정을 거쳐서 합법적인 신앙의 자유를 획득했지만, 이후에는 친일적인 태도를 보였다. 조선 교구장이었던 뮈텔 신부는 일본 제국주의에 협조하는 태도로 일관했고, 그런 결과로 3·1운동이나 독립운동에서 천주교는 거의 역할을 하지 못한다. 그런 과정을 보면 순교의 의미를 천주교 스스로 퇴색시킨 것은 아닌가 싶다. 다행스러운 것은 이후 천주교가 군사독재정권에 맞서서 민주화와 인권의 발전에 기여했다는 점이다. 부당한 박해를 이겨낸 순교의 역사는 그렇게 천주교 내에서 되살아났다.

서소문, 새로운 의미를 담아

최근 2019년에 정식 개관한 서소문성지역사박물관은 신도들뿐 아니라 서울 시민들에게도 새로운 명소가 되었다. 이곳은 가장 많은 순교자를 냈다고 하는데, 교황청은 2018년에 "서소문 밖 네거리 순교성지가 포함된 천주교 서울 순례길을 아시아 최초 국제 공식 순례지로 지정"했다고 한다. 그런 만큼 이곳은 천주교에서는 중요한 장소다.

서소문성지역사박물관 홈페이지에는 이 순교성지에 대해 다음과 같이 설명한다.

1784년 가을 한국 천주교회가 창설된 이후 일백 년이 넘는 세월 동안 서소문 밖 네거리에서는 수많은 천주교인이 처형을 당했다. 정조(1776~1800년) 사후 성리학적 사회질서를 위협하는 존재로 인식된 천주교도에 대한 박해가 시작되면서 신유박해(1801년), 기해박해(1839년), 병인박해(1866~1873년)를 거치는 동안 순교자들은 칼 아래 참혹하게 스러져갔다. 즉, 서소문 밖 네거리는 조선의 신분제 사회에 맞서 하느님 앞에 모든 인간이 자유롭고 평등하며, 서로 사랑할 존재임을 증거한 순교자의 터가 된 것이다.

한국 천주교회 첫 세례자인 이승훈을 비롯한 초기 천주교회를 이끌었던 분들이 이곳에서 순교를 당했고, 한국 천주교회 200주년을 맞아 방한한 교황 요한 바오로 2세가 주관한 시성식(성인으로 교황이 인정하는 의식)에서 103위 복자(준準성인)들이 성인 반열에 올랐고, 그 103명 중에 44명이 이곳에서 순교한 이들이라는 설명이 뒤를 따른다. 2014년 방한한 프란치스코 교황이 시복식(복자로 교황이 인정하는 의식)을 할 때 "'윤지충과 동료 순교자 123위'를 복자로 선포하였다. 이 중 서소문 밖 네거리에서 순교한 복자는 27명"이라고 하니 한국 천주교회에서 이곳이 얼마나 큰 비중을 차지하는지를 알 수 있다.

이곳이 천주교 순교성지로 정비되어 역사박물관이 개관되기 전에는 인근 중림동의 약현성당이 그 역할을 대신했다. 약현성당은

서울 서소문성지역사박물관 하늘광장. 철로의 침목을 이용해 순교 성인 44인을 형상화한 작품이 있다.
정현, 「서 있는 사람들」

명동성당보다도 먼저 축성된 우리나라 최초의 서양식 교회 건축물이다. 그곳에 가면 무언가 쓸쓸하면서도 진정함이 느껴졌다. 도심의 한가운데에 있는 그 고요함이랄까, 화려하지 않으면서도 예스러움을 간직한 성당의 분위기가 좋아서 산책도 자주 했다. 그곳이 천주교 순교와 관련된 성당이라는 것을 알고 나서는 성당을 둘러보고 예수님이 십자가에 매달리는 14개 과정을 표현하는 14처(천주교인들은 14처를 돌면서 기도를 올리며 예수의 희생을 기억한다)도 돌아보았다.

그러다가 넓은 서소문공원 자리를 차지하고 들어선 성지역사박물관을 가보게 되었다. 박물관은 밖에서 보면 1층 건물이라서 주변의 풍경 속에서 튀지 않는다. 순교자 현양탑은 조선시대의 형틀이었던 칼 모양이다. 세 개의 큰 칼이 둘러서 있는 곳에 조각상이 있다. 이곳을 지나 역사박물관에 들어서면 지하 3층까지 나온다. 지하 2층과 3층에 이 역사박물관의 상설 전시실이 있다. 지하 3층의 제1전시실은 '조선 후기 사상계의 전환기적 특성'이 주제다. 봉건국가 조선에서 근대로의 대전환기 속에서 꽃피웠던 각종 사상들이 담긴 고서적들이 전시되어 있고, 거기에 나름 성실한 설명이 붙어 있다. 동학의 창시자 최제우의 〈용담유사〉와 〈동경대전〉도 있다. 당시의 유학이나 불교의 흐름까지 알려준다. 천주교의 역사에 별 관심이 없는 사람이라도 한번 둘러볼 만하다.

이곳에는 망나니가 목을 베고 난 다음 칼에 묻은 피를 닦아냈던 우물이라는 뚜께우물(일명 망나니 우물)이 남아 있다. 그러나 망나니들이 천주교 신도들의 목만 벤 게 아니다. 이곳 서소문 네거리는 조선 시기에 국사범을 처형했던 곳이기도 하다. 한성 성문 밖의

티모시 슈말츠, 「노숙자 예수」 서소문에 노숙인들의 집단촌이 있던 기억을 소환해주는 듯하다.

가장 번화한 상업 지구였던 그곳에서 조선 정부는 국사범들을 처형하여 효수하고는 했다. 많은 사람들에게 경각심을 주려고 저잣거리를 택하다보니 그랬을 것이다. 그곳에서 세조 때 사육신이 참형을 당했고, 홍경래도 죽었다. 동학농민혁명에 참여했던 김개남은 전주에서 죽임을 당한 뒤에 이곳에서 효수되었다. 또한 동학의 지도자 해월 최시형이 죽기 직전 이곳 서소문 옥사에 갇혀서 고초를 당했고, 안교선, 최재호 등 동학농민혁명의 지도자들도 이곳에서 처형되어 효수되었다. 그러니 이곳은 천주교에서만 중요한 장소일 수는 없다. 이런 곳을 천주교가 순교성지로 독점하는 것에는 반대가 많았다. 특히 천도교가 나서서 반대를 했지만 묵살되었다. 천주교에 비해서 교세가 너무 약해서였을까? 동등한 자격으로 성지를 공유할 수는 없는 것일까?

한편 IMF 외환위기 때는 노숙인들의 집단촌이 이곳에 있었다. 그들은 이곳에 천막을 세우고 그 어려운 시절을 견뎌냈다. 그런 자리에 서소문성지역사박물관이 들어서고, 서소문역사공원이 만들어진 것이다. 그래서일까? 뚜께우물과 박물관 사이 〈노숙자 예수〉 조형물이 있다. 캐나다 조각가 티모시 슈말츠의 작품이다. 긴 나무 벤치 위에 얇은 모포를 뒤집어쓴 노숙인, 그의 발등에는 못 박혔던 자국이 있다. 로마 교황청 옆에서 죽어간 노숙인을 모티브로 만들었고, 이 작품은 전 세계에 많이 설치되어 있다고 한다. 가장 가난하고, 배고프고, 약한 자의 모습으로 세상에 온 예수를 생각하게 한다. 천주교가 신분질서가 엄연했던 시절 조선에 들어와 순교를 통해서 신앙의 자유를 획득했던 그때처럼 가장 어렵고 가난하고 힘없는 이웃의 벗이 되어야 한다는 다짐을 그 작품은 말하고 있는 듯싶었다. 노숙인이 있던 그 자리에 들어선 성지라면 더욱더 순교의 의미를 되새길 수 있는 곳이었으면 한다. 노숙인 예수처럼 가난한 자의 편에 서는 종교의 모습을 보기 어려운 시절이라 더욱 그런 생각이 드나보다.

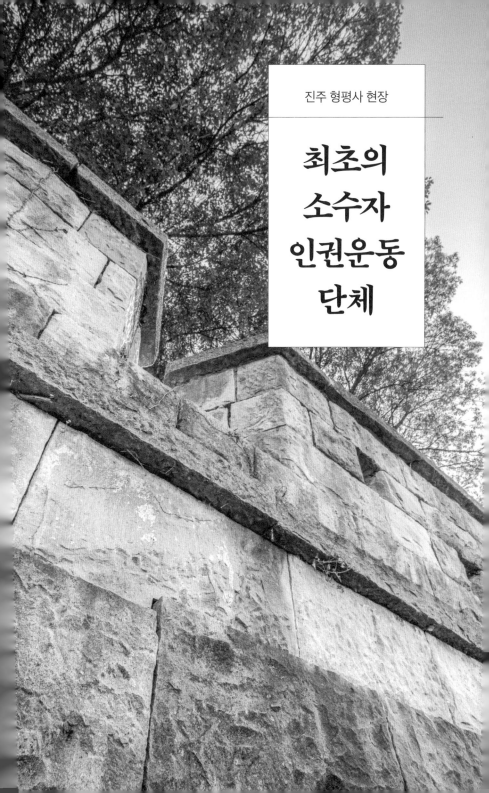

진주 형평사 현장

최초의
소수자
인권운동
단체

조선시대 소수자, 백정

백정은 조선시대 내내 가장 천대받던 신분이다. 백정은 가축을 잡거나 놋그릇을 만들어 팔았다. 그들은 한곳에 모여 살아야 했고, 일상생활에서도 많은 차별을 받았다. 기와집에 살 수 없었고, 비단옷을 입지도, 갓을 쓰지도, 가죽신을 신지도 못했다. 집 밖에 나갈 때는 머리를 풀어헤친 봉두난발에 천민만 쓰는 평량갓(패랭이)을 써야 했다. 양인 앞에서 담배를 피우거나 술을 마실 수도 없었다. 장례를 치를 때 백정은 상여도 못 썼다. 결혼할 때는 가마나 말을 탈 수 없었고, 결혼한 여성은 비녀를 꽂지 못했다. 어른이든 아이든 양인 앞에서는 자신을 소인이라고 낮추어야 했다. 이름에 성을 붙일 수 없었고, 인·의·충·효 같은 글자가 들어가면 안 되었다. 이처럼 신분제 사회에서 백정은 극단적인 배척을 받으며 큰 고통을 겪어야 했다.

김정인, 『민주주의를 향한 역사—시대의 건널목, 19세기 한국사의 재발견』,

책과함께, 2015.

우리는 동학농민혁명 유적지를 돌아볼 때 동학농민군이 내세웠던 폐정개혁안에 "칠반천인의 대우는 개선하고 백정 머리에 쓰는 평량립은 벗어버릴 것"이란 내용이 들어 있음을 기억한다. 신분제 시대인 조선 후기에 소수자였던 칠반천인은 승려, 광대(창우倡優), 기생, 무당, 점쟁이, 갓바치, 백정을 가리켰다. 백정은 시간이 지날수록 짐승을 도살하는 천민을 뜻하는 말로 좁혀졌다. 생계도 짐승을 도살해서 유지했는데, 이들은 원죄 같은 게 있다고 해서 양반이나 평민들이 사는 마을에서 같이 살지 못하고 마을의 외곽 지역에 이들만의 집단촌을 이루어 살아야 했다. 그러면서도 양반집이나 마을에서 필요한 일에는 무상으로 동원되어 노동을 제공해야 했고, 어떤 트집을 잡혀서 맞아 죽어도 항의 한번 할 수 없었다. 그러니까 조선시대의 불가촉천민이 백정이었다.

어느 시대에나 차별을 할 때는 상징이 있었다. 그것이 양반, 평민의 갓과 백정의 평량갓(한자어로는 평량립平涼笠, 패랭이라고도 부른다)으로 나타났다. 갓과 망건은 말총(말의 꼬리털)으로 만들어서 쓰던 것이고, 평량갓은 대나무로 만들어서 쓰던 것이다. 양반이나 평민들은 갓을 쓸 수 있었고, 백정은 절대로 갓을 쓰지 못하고 평량갓만 써야 했다. 그러니 평량갓을 벗고 갓을 쓴다는 것은 곧 백정도 평민으로 대우를 받는다는 뜻이다. 1894년 조선 정부는 갑오개혁을 하면서 백정해방령을 공포했다. 이때부터 백정도 갓을 쓸 수 있었다. 이게 너무 좋아서 갓을 밤에도 쓰고 잠을 잔다는 말이 나돌 정도였다고 한다. 백정 출신 박성춘은 독립협회가 연 만민공동회에 연사로 나서서 연설을 하기도 했다. 그는 정부에 갓과 망건

1928년 형평사 제6회 정기 전국대회 포스터.

을 쓰게 해달라고 청원을 했고, 정부는 "백정이 갓과 망건을 쓰고 도포를 입을 수 있을 수 있는 평민"임을 확인해주었다.

이 이야기에서 연상된 것이 현재 한국에서 벌어지는 정규직과 비정규직의 복장 구분이었다. 그렇게 정규직이 아니라는 표지를 달게 되면 식당과 휴게실만이 아니라 대우까지 달라진다. 정규직은 추석 명절 선물도 10만 원짜리를 주고, 비정규직에게는 3만 원짜리를 주는 것. 별게 아닌 것 같아도 사람은 이런 데 상처를 입는다. 사회 곳곳에 이런 차별들이 넘쳐난다.

조선 후기로 넘어오면서 백정들은 조합도 만들었다. "백정조합은 지금의 서울 인사동에 승동도가承洞都家라는 본부를 두고 전국에서 인재를 선발하여 영위領位라 부르는 두목을 중심으로 간부를 조직하여 가축 도살, 고기 판매, 요리점 경영 등의 활동을 전개했다."(김정인, 앞의 책) 이러니 백정 중에는 재력을 갖는 사람도 생겨나게 되었다.

그렇지만 이들에 대한 차별이 하루아침에 사라질 리 만무했다. 행정적으로도 이들은 호적에 여전히 '도한屠漢'(도살자를 뜻하는 한자어)이라고 별도로 표시하는데, 이게 조선 말에 이어 일제 강점기에도 계속되었다. 그러니까 형식적으로 백정에 대한 차별을 없앴어도 여전히 구분이 가도록 했다는 것이다. 그리고 수백 년 내려왔던 인식은 법령이 바뀌었다고 해도 하루아침에 변하지 않는다. 갓을 쓰려는 백정과 이를 저지하는 이들 간의 충돌이 곳곳에서 일어났다. 갓을 썼다고 몰매를 당하기도 했고, 심지어는 백정 머리에 짐승 가죽을 씌우는 모욕을 주기도 했다는 기록들이 있다. 백정들은 학교에도 가지 못했고, 교회에서도 같이 예배를 보지 못했다. 사람들이 백정을 한사코 막았다. 재력이 있어도 사회에는 차별이 여전했으므로 백정들은 자신이 백정이고, 백정의 후손임을 숨기며 살았다. 만민공동회에서 연설했던 박성춘도 교회에 나갈 때 자신이 백정임을 숨기다가 세례를 받을 때에야 그걸 밝혔다. 그러자 다른 교인들이 백정과 같은 교회를 다닐 수 없다면서 그곳을 떠나서 다른 교회를 만들었다고 한다.

그런데 이렇게 차별받던 백정들이 스스로 해방운동을 벌였다. 1923년에 결성해 1935년까지 활동한 형평사衡平社가 그것이다. 형평사는 일제 강점기에 조선에서 가장 오랫동안 활동을 한 단체로서, 우리나라 인권운동사에 분명한 궤적을 남겼다. 이마도 최초의 인권운동단체가 아니었을까? 소수자인 백정으로서 스스로 인간임을 선언한 인권운동의 선구자일 것이다.

형평운동의 중심지는 경상남도 진주였다. 진주에 백정들이 유난히 몰려 살았던 것도 아니었다. 1920년대 전국에 40만 명 정도의 백정이 있었다고 하는데, 진주에는 300~400명이 살았다. 진주가 특별히 백정에게 관대한 곳도 아니었다. 1900년에 백정이 갓을 쓰고 도포를 입을 수 있다는 것이 알려지자 주민 수백 명이 백정 마을로 쳐들어가서 집을 부수기까지 했다고 한다. 그런데도 백정해방운동을 이끈 형평사가 진주에서 결성되고, 그 운동이 전국으로 퍼져나갔다. 그런데 왜 하필 진주였을까? 그런 의문을 갖고 진주 여행을 시작했다.

형평운동의 시작점

진주에 있는 국립경상대학교의 김중섭 교수와 어렵게 일정을 맞추었다. 김 교수는 1990년대 초부터 형평운동에 관심을 갖고 그 연구에 매진해온 분이었다. 몇 년 전 형평운동기념사업회 초청 강연에 갔을 때도 그가 형평운동 유적지들을 소개해주었다. 그의 도움을 받아 관련 자료도 찾아 읽게 되었다. 이왕 신세를 진 김에 그의 안내로 진주 지역을 제대로 돌아보고 싶었다. 이런 의사를 전하니 김 교수는 반색이다. 인권운동가인 내가 형평운동에 관심을 갖고 있다는 게 반가웠을 것이다. 그는 내게 형평운동에 대해 언제고 말하고 싶어했다.

김 교수가 나를 처음으로 데려간 곳이 옥봉동이었다. 옥봉동은 작은 골짜기인데 이곳에 백정들의 집단촌이 있었다고 한다. 옥봉동을 한눈에 볼 수 있다는 진주향교로 갔다. 고려 성종 때 만들어진 향교라고 하니 역사가 꽤나 오래되었다. 진주향교는 높은 계단 위에 있었다. 마치 산에 올라서 내려다보는 것처럼 건너편 옥봉과 수정봉부터 오른편의 봉래초등학교로 넘어가는 씨앗고개(사잇고개), 왼편의 진주 시내까지 다 잘 보인다. 옥봉동에서 백정들의 집단촌의 흔적을 찾을 수는 없다. '대중탕'이라고 쓰인 목욕탕 굴뚝이 하늘 높이 솟아 있고, 시영 아파트와 옥봉반점 등이 예전의 모습을 간직하고 있지만, 그것도 일제 때의 것은 아니다. 옥봉동을 가로지르는 옥봉천을 덮어 만든 복개도로 양 옆으로 작은 집들이 다닥다닥 이어져 산 쪽으로 뻗어 있다. 골목마다 꽤나 가파른 것이 눈으로 봐도 느껴진다. 이곳을 진주시의 달동네라고 부르는 이유다. 최근에는 마을 재생사업이 성공적으로 진행된 사례로 꼽힌다. 옥봉동 지역에는 향교만이 아니라 고분군 등 보전 가치가 높은 여러 문화재들도 찾아볼 수 있다.

"일제 시기까지는 이곳에 백정들 집단촌이 있었지만 시내로 많이 이주했어요. 고기 잡아서 장사하는 일을 독점하다보니 돈을 모으는 백정들이 있었고, 거기 가서는 백정인 걸 감추고 살았던 거

진주향교에서 내려다본 옥봉동 일대(위).
백정들의 집단촌이 있었던 진주성 서장대 바깥 지역(아래).

지요. 처음에 형평운동기념사업회를 만들 때 그 후손들을 만나서 얘기를 들으려고 했는데, 지금 와서 왜 그런 걸 들추냐면서 후손들이 불만이 많았지요. 그래서 차별을 없애기 위한 운동을 벌인 것은 자랑할 만한 역사이지 감출 일이 아니다, 미래를 보자며 설득해야 했지요."

백정 출신으로 중앙시장에서 요즘의 정육점을 열어서 돈을 벌었던 이학찬은 자식들을 학교에 보내고 싶었으나 백정의 자식이라는 이유 때문에 번번이 학교에서 거부당했다고 한다. 이런 이야기를 진주 지역에서 3·1운동으로 옥고를 치르고 나왔던 강상호와 교육운동에 열심이었던 신현수 등이 듣고 백정 출신으로 일본 메이지 대학을 다녔던 장지필 등과 의논하여 형평사를 결성했다. 이학찬의 사례를 계기로 형평운동을 시작하게 되었다는 설명이다. 이학찬은 옥봉동에서 살다가 중앙시장으로 나가서 정육점을 했는데, 옥봉동에 그가 살았던 자취는 없다. 다만 김 교수는 옥봉 쪽 산 위를 가리키면서 저쯤에서 강상호의 부인이 살던 집이 있다고 한다.

"너무 많이 변해서 옛날 옥봉동의 자취는 거의 없어요."

그러니까 옥봉동에서도, 또 다른 진주의 백정들의 집단촌이 있던 진주성 서장대 바깥 지역에서도 백정들이 살던 자취는 찾기 어렵다. 적극적으로 찾으려고만 하면 그런 유적지들을 어떻게든 발견할 수 있을 듯한데 말이다. 옥봉동 백정 집단 거주촌이었던 이곳을 발굴해서 기념관을 만들면 좋을 텐데. 동학농민혁명에 대해서는 전국 곳곳에서 경쟁적으로 기념사업을 벌이는 것과 비교하면, 기념사업에도 차별이 있는 것은 아닌가 싶다.

씨앗고개를 넘으면 고갯마루에 봉래초등학교가 있다. 봉래초등학교는 형평운동의 중심인물이었던 강상호가 세운 학교라고 하는데 지금은 공립 초등학교다. 봉래초등학교를 지나서 봉래동으로 내려가면 교회가 나타난다. 의병로250번길에 있는 진주교회다. 진주교회는 호주의 선교사들이 1905년에 세운 진주 최초의 교회다. 진주 지역의 3·1운동은 진주교회의 종소리를 신호로 하여 "조선 독립 만세"를 부르며 시작했다고 한다. 그때의 종탑은 교회 정문 앞에 보존되어 있었다. 이런 사실만으로도 진주교회는 중요한 유적지다.

하지만 이곳을 찾은 건 형평운동이 시작되기 훨씬 전에 다음과 같은 사건이 일어났던 곳이기 때문이다. 교회 본관 건물 왼편에 비전관이 있는데 거기에 형평운동기념사업회가 제작해서 세운 안내판이 있다. 그것을 그대로 옮겨본다.

진주에서 최초로 일반인들과 백정이 함께 예배 본 교회

호주 선교회가 1905년에 설립한 진주교회 초창기에는 일반인들과 백정들이 따로 예배를 보았다. 그러다가 1909년에 부임한 라이얼D. M. Lyall 목사가 "하느님 앞에서는 누구나 차별 없이 평등하다"며 함께 예배 보기를 권하니 그해 5월 9일에 15명이 남녀 백정 신도들이 일반인들의 예배에 참석하였다. 이에 반발한 일반인들이 백정과 함께 예배를 볼 수 없다며 교회를 떠나버렸다. 그러나 스콜스Nelie R. Scholes와 켈리Marry Jane Kelly 두 선교사의 설득으로 결국 화해하여 그해 8월 1일부터 함께 모여 예배를 보게 되었는데, 이는 신분 차별을 없애는 데 앞장선 역사적인 일이었다.

2013년 4월 25일

형평운동 90주년을 맞이하여

진주교회와 형평운동기념사업회가 이 표지판을 세운다.

짧은 문장이지만 여기에는 무척 중요한 역사적 사실들이 적혀 있다. "일반인들과 백정들"이란 대목에서 일반인은 양반과 평민을 의미한다. 조선말에 있었던 천주교의 순교의 역사를 통해서 양반과 평민은 이제 구분이 없어졌지만, 아직 백정은 일반인에 들어가지 못하던 상황임을 알 수 있다. 일반인과 백정의 동석예배는 앞에 적힌 두 선교사만이 아니라 이전의 선교사들도 시도했으나 워낙 신도들의 반발이 강해서 무산되고는 했다. 그러다가 1909년에 동석예배가 실현되었는데, 그게 84일 만이다. 백정에 대한 차별의식이 강했던 그때 그 짧은 시간에 역사적인 일을 만들어냈던 것이다. 두 선교사들이 뭐라고 설득했을까? 지금의 현실로 돌아와서 교회 안에서 동성애자와 같이 예배를 본다고 하면 반발이 심할 것 같은데, 그럴 때 스콜스와 켈리 선교사 같은 이들이 나서서 적극적으로 설득한다면 가능할까?

진주교회는 비전관 6층에 교회의 역사를 정리한 작은 역사실을 만들어놓았다. 역사실에는 교회를 세운 뒤에 초기에 진주를 비롯한 서부경남 지역에서 벌였던 교육사업과 의료사업 등을 설명하고 있다. 특히 여학생들을 위한 학교를 세우고 교육을 한 것은 남녀

백정과 동석예배가 있었던 진주교회. 건물 앞 종탑이 보존되어 있다.

차별이 심했던 시대에 분명 큰일을 한 것이다. 이후 진주교회는 한
국인 사역자들이 교회를 맡아서 운영해왔다. 일제 강점기 후반에
신사참배가 강요되던 때 당시 장로교 교단의 결정에 맞서 신사참배
를 거부했던 두 목사를 이곳에서 자랑스럽게 소개하고 있다.

　　백정과의 동석예배에 대해서 "진주에서 시작한 인권운동"이
라고 자부하는 진주교회의 비전관을 둘러보고 나오는데 교회 정문
옆 담에 붙은 현수막에는 "이미 차별금지법이 있는데 포괄적 차별
금지법 웬 말이냐?"라고 적혀 있었다. 한 세기 전에 백정과의 차별
을 없앴던 교회가 차별금지법을 반대한다는 것은 아이러니가 아닐
수 없다. 교회가 자랑하는 인권운동의 역사는 어디쯤에서 실종된
것일까?

형평사가 결성되었던 자리

김 교수는 다음 장소로 의곡사로 안내했다. 의곡사는 진주중학교와 진주고등학교를 지나서 의곡길을 주욱 따라서 올라가면 나온다. 비봉산 아래, 신라 문무왕 시기에 설립되었다는 고찰이다. 임진왜란 때 진주성이 함락된 다음에 이 절에서 승병들이 일어나 왜적과 싸웠다고 한다. 이곳에는 특별한 문화재가 있다. 주차장 오른편 산 밑에 세워져 있는 한글 비석이 그것이다. 100년 전쯤에 세워진 것으로 추정된다고 하는데 그 시기에 한글로 비를 세우는 일이 거의 없었으므로 매우 소중한 문화재일 것이다.

그런데 김 교수가 그걸 보여주려고 이곳으로 이끈 것은 아니었다. 형평사가 만들어지고 난 다음 반反형평사 세력들이 이곳에 모여서 형평사 반대 궐기대회를 했다. 그렇지만 그에 대한 어떤 기록도 거기에는 없다. 마찬가지로 지금의 진주고등학교에서도 지역의 명망 있는 지도자로서 백정들과 함께 형평사를 설립했던 강상호를 규탄하는 시위를 벌였다고 하는데, 그때 그를 가리켜 '신新백정'이라고 했다.

"여기서 소가죽을 펼쳐놓고 가죽을 찢으면서 강상호 선생을 규탄했다고 하죠."

백정을 상징하는 소가죽을 찢는 퍼포먼스로 강상호를 힐난한 것이다. 백정에 대한 차별의식이 심했던 그때 아무리 지역의 유지라고 해도 비난을 피해갈 수는 없었다. 그런 욕을 먹어가면서도 형평운동의 중심에 섰던 강상호. 한 시대의 강을 건너는 일은 쉬운 게 아니다.

의곡사를 나와 우리는 진주 시내의 가장 번화한 곳으로 향했다. 갤러리아 백화점 아래 도로에 차를 주차하고 김 교수는 나를 어느 쇼핑몰 건물로 데리고 간다. 1923년 4월 24일 '형평사 기성회 조직대회', 요즘 말로 하면 운영위원회를 조직하는 대회를 진주청년회관(노동공제회관이란 말도 있다)에서 열었다. 그런데 그 청년회관은 진주시 대안동이라고 하는데, 김 교수의 말로는 지금의 제이시티 건물 뒤편 어디였을 것으로 추정은 되지만 정확한 게 없다고 했다. 1923년 4월 25일에는 80여 명의 백정과 비非백정 청장년이 모여서 '형평사 발기총회'를 열었다. 결성대회를 한 것이다. 이때 형평사 주지主旨(취지문)를 채택했다.

공평은 사회의 근본이요 애정은 인류의 본량이라. 그러므로 우리는 계급을 타파하며, 모욕적 칭호를 폐지하며, 교육을 장려하야 우리는 참사람이 되기를 기약함이 주지이라.

오늘 우리들—조선의 우리 백정은 여하한 지위와 여하한 압박에 처하였는가! 과거를 회상하면 종일 통곡의 피눈물을 금치 못할 바라. 이에 곡절과 조건을 제기할 여가도 없이 목전의 압박을 절규함이 우리의 실정이요, 이 문제를 선결함이 우리의 급무로 인정할 것은 적확한지라.

낮으며 가난하며 열등하며 약하며 천하며 굴종하는 자 누구인가? 슬프다! 우리 백정이 아닌가! 그런데 여차한 비극에 대한 이 사회의 태도는 여하한가? 소위 지식계급에서 압박과 멸시만 하였도다. 이 사회에서 우리 백정의 연혁을 아는가 모르는가? 결코 천대를 받을 우리가 아닐지라. 직업이 구별이 있다 하면 금수의 목숨을 뺏는 자—우리 백정뿐이 아닌가 하노라.

본사는 시대의 요구보다도 사회의 실정에 응하여 창립되었을 뿐 아니라 우리 조선민족 이천만 중의 한 사람이라도 애정으로서 단결하여 부조하여 생활의 안정을 꾀하며 공동의 존립책을 꾀하고자 이에 사십여 만이 단결하여 본사를 세우고 그 주지를 천명하여 표방코자 하노라.

조선 경남 진주
형평사 발기인 일동

그러니까 당시 백정들이 전국에 40만 명 남짓 되는 걸로 형평사 측은 추산했다. 강상호는 기성회 조직대회에서 "동지 여러분, 공평은 사회의 근본이고 인류의 본질입니다. 그러나 우리 백정들은 그동안 어떤 대우를 받아왔습니까? 과거를 회상하면 눈물밖에 나오지 않습니다. 백정은 인간이 아닙니까?"라고 연설했다고 하는데, 인용한 글의 내용과 비슷하다. 혹시 이 주지도 강상호가 쓴 것은 아닐까?

형평사 주지는 한문을 섞어 쓰고 당시의 문투로 쓰여 있다. 이걸 김중섭 교수가 현대어로 고쳐서 책에 수록한 것을 옮겼다. 이 주지문은 우리나라 최초의 인권운동단체인 형평사의 결성취지문이니 이런 기회에라도 알리고 싶어서다. "종일 통곡의 피눈물을 금치 못할" 처지의 "낮으며 가난하며 열등하며 약하며 천하며 굴종하는 자"였던 백정들이 더 이상은 차별 현실에 순응하지 않고 자발적으로 단결하여 "공동의 존립책"을 세우겠다는 해방선언을 했다. 공평, 즉 평등은 사회의 근본이라고 천명한 역사적인 문서를 우리는 읽고 있는 것이다.

자신의 존재를 감추고 살아야만 했던 존재들이 그것의 부당함을 느끼고, 스스로 존재를 드러내고 동등한 대우를 요구할 때, 차별받던 존재들이 더 이상 차별에 순응하지 않고 "우리도 인간이다"라고 말할 때 인권의 역사는 한 발 더 나아간다. 백정들의 차별 철폐를 향한 위대한 걸음이 시작된 것이다.

나는 그런 역사가 일어났던 자리에 서고 싶었다. 하지만 그 자리는 지금 어디인지도 모르게 사라졌다. 다만 지금의 제이시티 건물은 그해 5월 13일, 형평사 창립 축하식이 열렸던 진주좌 자리였다. 옛날 자료 사진을 보니 진주좌는 서울의 단성사처럼 대형극장의 모습을 갖추고 있었다. 그런 건물은 헐리고 새로운 건물이 들어서서 옛 모습은 없다. 그곳 한 귀퉁이에 형평운동기념사업회가 이런 역사적인 사실을 알리는 기념탑을 세웠다. 그런데 이걸 건물 주 측에서 없앴다가 나중에 문제가 되니 다시 새로 만들어놓았다. 그게 지금 남아 있는 무척이나 기이한 형태의 조형물이다. 김 교수가 분통을 터뜨릴 만했다.

"창립 축하연이 열릴 때 기생들에게 와서 축하 노래를 해달라고 부탁을 했나봅니다. 그런데 기생들이 백정들 앞에서는 노래를 부를 수 없다고 거절했다고 하죠."

형평사가 결성된 다음에 반대운동이 일어났던 시대적 분위기

번잡한 상점가의 큰 건물 한구석에 세워진 조형물. '형평사 창립 축하식이 열린 곳'이라고 적혀 있다.

가 읽힌다. 칠반천인에 속한 기생조차 백정을 위해서는 노래할 수 없다는 시절, 차별받는 사람들끼리 연대하는 게 아니라 분열하는 것은 옛날이나 지금이나 매한가지였다.

제자리를 찾지 못한 '기념'

구불구불 산길을 타고 망진산에 올라가면 봉수대가 나온다. 그 앞에 서니 남강 건너의 진주성과 진주 시내가 내려다보이고, 저 멀리 지리산 영봉들까지 보일 것 같다. 이런 곳이니 봉수대를 세웠을 것이다. 봉수대 바로 앞에 숲이 끝나는 지점에 신현수의 송공비頌功碑

가 세워져 있다. 봉수대와 송공비가 부조화스럽다. 한눈에 봐도 세월의 흔적이 있는 화강암 비석의 원래 송공비를 새로 깎은 펜대 모양의 돌로 감쌌다. 그것도 참 부조화다. 송공비를 원래 모습대로 세우고 그 옆에 안내판을 제대로 설치하면 안 되었을까?

신현수는 강상호와 함께 일제 강점기 때 진주 지역 사회운동의 중심적인 역할을 했던 분이다. 그 역시 형평사의 발기인으로 참여했는데 주로 교육운동에 큰 궤적을 남겼다. 지금의 천전초등학교는 그가 세운 학교였다. 마을 사람들이 그의 공을 기리기 위해서 송공비를 세웠다고 하는데, 신현수는 해방 뒤에 반공의 광기가 하늘을 찌르던 때 빨갱이로 몰려서 수모를 당했다. 그때 사라져버린 송공비가 훗날 하수구 작업을 하다가 발견되어 천전동에 옮기려 했으나, 마을 사람들이 반대해서 원래의 자리로 돌아가지 못했다는 씁쓸한 이야기를 김중섭 교수가 들려준다.

이제 진주성으로 간다. 진주성 동문인 촉석문 앞에 형평운동기념탑이 있었다. 형평운동기념사업회가 창립된 것은 형평사 창립 70주년을 한 해 앞둔 1992년 4월 24일이었다. 사업회는 1996년 12월 10일, 세계인권선언기념일에 이곳에 기념탑을 세웠다. 2017년에 왔을 때는 진주성 앞에서 기념탑을 보았다. "성안에 들어갈 수 없었던 백정들을 생각해서 촉석문 앞에 세우게 되었다"라고 김 교수가 설명했던 게 기억난다. 성에도 들어갈 수 없었던 신분의 백정들의 처지를 생각한 면도 있겠지만, 일단 촉석문이 진주성을 들어갈 때 관광객들이 드나드는 주문主門이라는 사실을 노렸을 것이다. 사람들의 눈에 가장 잘 띄는 장소라는 장점을 활용해서 형평운동을 알리고 싶었을 것이다.

　그렇지만 11년 뒤인 2017년 12월에 기념탑은 이곳에서 옮겨졌다. 촉석문 앞 광장에 지하 주차장을 조성한다는 이유로 임시 이전했다고 하는데, 공사가 끝나도 다시 제자리로 돌아올 수 있겠냐 하는 의구심도 들었던 게 사실이라 기념사업회 내부에서 옮기자는 입장과 그에 반대하는 입장이 대립하면서 논란이 많았다고 한다. 논란 끝에 기념탑을 이전을 하고 주차장 공사에 들어갔는데, 그곳의 땅을 파보니 진주성 외성이 원형대로 땅속에 보전되어 있음이 확인되었다. 이에 따라 유적 발굴 사업이 진행되었고, 유적이 발굴된 곳은 원형 보존하면서 지하 주차장을 만드는 '진주대첩광장' 조성 작업으로 사업이 변경되어 진행 중에 있다. 큰 변동이 없다면 형평운동기념탑이 원래의 그 자리로 돌아오기가 더욱 어려워질 것 같다.

　진주성에서 진주교를 건너오면 국립경상대학교를 가기 전에 경남문화예술회관이 나온다. 그 건너편에는 멋진 절벽이 도로를 따라서 펼쳐져 있었다. 진주 사람들은 새벼리라고 하는데 그게 '동쪽 절벽'이라는 뜻이라고 했다. 그렇게 멋들어진 새벼리가 보이는 남강 수변공원에 형평운동기념탑이 옮겨져 있다. 아침저녁으로 운동하는 진주시민들이 이곳을 자주 오겠지만 진주성 앞에 있을 때보다는 사람들의 눈에도 잘 띄지 않는다.

　이 형평운동기념탑을 세우기 위해 인권운동이 척박한 소도시에서 많은 사람들이 노력한 모습이 눈에 선하다. 그런데 참 아쉽다. 차별이 있는 곳에서 차별이 사라진 곳으로 남녀 두 사람이 걸어나오는 모습을 형상화했는데 도식적으로 보인다. '인간존엄, 자유평

신현수 송공비(왼쪽)와 형평운동기념탑(오른쪽).

등'이라는 문구가 이 탑의 주제를 전한다. 형평운동을 기념하는 탑
이라면 조금 더 높은 예술성으로 감동을 줄 수 있는 작품이었다면
좋았을 텐데.

　　진주에서 형평사와 관련된 조형물들조차 제자리를 찾지 못하
는 실정이지만, 사실 형평운동이 갖는 의미는 매우 크다. 일제 강점
기에 신분에 의한 차별을 철폐하자고 일어섰고, 나아가 계급해방
까지 외쳤다. 형평사가 내세운 상징은 저울이었다. 저울처럼 한쪽
으로 기울어진 게 아니라 서로 수평을 이루는 세상, 누구도 차별받
지 않는 세상을 꿈꾸었다. 형평사는 창립 1년 만에 전국에 68개의
지사와 분사를 거느릴 정도로 성장했다. 진주에 본부를 두고 각 도
에는 지사, 군과 읍에는 분사를 두었는데, 각 지사와 분사는 자율적

으로 활동했다. 중앙집권적인 조직이 아니라 지사와 분사에 상당한 자율권을 주었다고 한다. 형평사에는 백정만이 아니라 형평사의 평등주의에 동의하는 사람은 누구나 가입할 수 있었다.

형평사는 사회주의운동의 영향을 받아 계급투쟁을 지향해야 한다는 급진파와, 백정의 차별 철폐와 권리 옹호를 중심에 두어야 한다는 온건파 간의 분열로 창립 1년 만에 외적 성장과 함께 위기를 맞았으나 1925년 4월에 '조선형평사중앙총본부'로 통합이 되었다. 형평사 안에는 청년, 여성 등의 다양한 계층들의 조직들이 만들어져서 활발하게 활동해갔고, 다른 사회단체들과의 연대와 협력에도 열심이었다. 사회운동단체들은 일본 제국주의에 맞서는 민족의 일원으로 형평사를 생각했으며, 더욱이 급진적인 사회주의운동이 급성장하던 때였으므로 형평사와 사회운동단체들 간의 연대는 자연스러웠다. 조선일보, 동아일보 등의 언론들도 형평사의 활동을 적극 옹호하는 논조의 글을 싣고는 했다.

시련이 없던 것은 아니었다. 1923년부터 1935년까지 반형평운동 세력, 즉 백정들의 차별 철폐에 반대하는 세력과 충돌이 있었다. 한편 일제는 형평사가 사회주의운동, 민족주의운동 세력들과 연대를 넓혀나가는 것을 처음부터 경계했다. 특히 1928년부터 급진파가 주류로 부상하자 탄압의 강도를 더했고, 1932년 말부터는 급진파 간부 100명을 검거하는 등으로 노골적인 탄압을 가했다. 결국 형평사는 1935년 친일적 성격의 대동사大同社로 변질되고 말았다.

이 글의 맨 앞의 인용문을 쓴 김정인 교수는 「일제강점기 백

정 '인간 해방·평등' 인권선언」(《공감》, 2019. 6. 17., gonggam.korea.kr)
이란 글에서 우리 사회에서 백정에 대한 차별이 사라져가는 과정을
이렇게 설명한다.

> 일제강점기 백정 출신들은 스스로 나서 차별 철폐와 인권 해방
> 운동을 전개했고 사회운동과 적극적으로 연대하며 주요 사회운
> 동 세력으로서 입지를 굳혔다. 그런 노력은 결국 백정 출신이라
> 는 낙인과 차별을 없애는 데 기여했다. 여기에 일본의 지배와 차
> 별을 받는 민족으로서 우리 안에서는 절대 차별이 존재해선 안
> 된다는 평등과 인권 의식이 확산되며 백정의 '핏줄'은 역사에서
> 지워져갔다. 그리고 한국전쟁이라는 대격변을 거치면서 백정의
> 후손은 분명히 존재할 터인데, 누가 백정 후손인지 알 수 없는 사
> 회가 되었다. 신분제의 최하위에 위치했던 천민이 완전히 소멸된
> 것이다.

이렇게 일제 강점기 때조차 차별 철폐를 실현시킨 역사가 있
음을 세상이 알아야 하는데 아직 형평운동은 진주 지역 사회 안에
서조차 제대로 대우를 받지 못하는 것 같아서 안타까웠다. 이제 진
주시민들이 이 기념탑의 자리를 다시 고민해주면 좋겠다. 역사적인
형평운동을 기념하는 일을 열악한 조건에 처한 형평운동기념사업
회에만 맡겨서는 안 될 것 같다.

사회운동가의 쓸쓸한 묘소

처음의 질문으로 돌아가보자. 왜 하필 진주였을까? 김중섭 교수는
자신의 저서 등에서 그 이유를 설명한다. 먼저, 진주의 백정 집단은
다른 지역과 다른 경험이 있었다. 백정들의 집단적인 차별 철폐 청
원과 그에 대한 일반인들의 백정마을 습격 사건, 진주교회의 동석
예배 거부 사건, 가축 도축업을 하는 도수조합 결성 시도 등을 겪으
면서 백정들의 "차별 철폐 활동을 위한 집단행동의 역량을 갖게 되
었을 것"이다. 다음으로는, 백정들이 진주 도심지에 진출하여 상설
시장에서 정육점을 여는 등으로 경제적 부를 축적하는 동시에 사회
운동가들과의 인간적인 유대를 형성할 수 있었던 점, 마지막으로,
1862년, 1894년의 농민들의 항쟁 경험, 그 뒤로 의병활동, 물산장
려운동 등의 사회운동과 1919년의 3·1운동, 그리고 사회운동이 활
발하게 발전했던 점을 든다. 김 교수는 "인구 1만이 약간 넘는 작은
소읍인데도 3·1운동 이후 1923년까지 적어도 48개 단체의 활동이
언론에 보도되었다. 청년, 학생, 여성, 어린이, 농민, 노동자, 언론인
같은 다양한 집단이 소수 집단의 권익과 사회 발전을 위하여 활동
하였다"라고 소개한다. 이런 조건들이 결합하여 진주에서 형평사
가 창립될 수 있었다는 그의 설명이 설득력이 있다.

해가 지기 전에 마지막으로 가야 할 곳이 남았다. 강남로를
따라 남쪽으로 남강변을 달리면 오른편에 국립경상대학교 캠퍼스
를 지나서 남부산림과학관 못미처 석류공원이 있다. 석류공원 후문
으로 들어가기 직전 인도에 '형평운동가 강상호 묘소'라 쓰인 안내

판이 서 있다. 가좌동 산93-1번지다. 차로 찾아가다간 지나치기 십상이다. 안내판의 화살표를 따라 안으로 들어가면 그 안에 봉분 낮은 묘소가 나온다. 백촌栢村 강상호와 그의 처 이갑례의 묘가 나란히 있다.

강상호는 3천 석지기 지주였다. 그런 그가 백정해방운동에 나섰다. 그는 백정의 아이를 양자로 받아들여서 아이의 손을 잡고 학교로 찾아가 입학시켜 공부시켰다. 그러면서 온갖 수모를 당했다.

강상호는 진주 지역의 사회운동을 주도했다. 그의 이력을 보면 21세 때인 1907년 국채보상운동 경남회를 결성하고 모금운동을 벌인 것을 시작으로, 1919년에는 진주 지역 3·1운동에 참가했다가 구속되어 약 8개월 동안 복역했다. 그런 뒤에 사립학교인 일신고보 설립 기성회 발기인으로 참여했고, 동아일보가 창간되자 1920년 4월에는 진주지국장을 맡았다. 그러다가 1923년에 형평사 창립을 주도하고, 그해에 형평사 야학도 개설하며 형평운동에 매진했다. 그러면서도 일제 강점기 때 독립운동단체 좌우파가 연합한 신간회에도 관여하는 등 다른 사회운동에도 적극적으로 참여했다.

그런 그의 역사는 1935년까지다. 1935년 형평사는 친일적 성격의 대동사로 바뀌었다. 강상호는 대동사 초기 부위원장을 맡기도 했지만 1936년 이후 거기서 손을 떼고 집으로 돌아온다. 그동안 사회운동을 하느라 가산을 탕진해서 가족의 삶은 곤궁했다. 해방 뒤 그는 활동을 하지 않았음에도 좌익으로 몰려서 고초를 당하기도 했고, 전쟁 중에는 죽음의 고비를 맞기도 했지만 예전 형평사 사

지나치기 쉬운 곳에 강상호의 묘지가 있다. 찾아오는 이도 별로 없어 쓸쓸하다.

람들의 도움으로 몸을 피하기도 했다. 마지막에는 자식들의 공부를 시킬 형편이 안 되어 주위의 도움을 받아야 했다. 그가 세상에 마지막으로 세상에 모습을 드러낸 게 1957년 3월 1일이다. 진주시의 요청으로 독립선언서를 직접 지어서 낭독한 뒤 급격히 몸이 안 좋아졌다. 그해 11월 12일 숙환으로 세상을 떠나니 향년 71세였다.

그의 죽음이 알려지자 전국에서 예전 형평사 사람들이 찾아왔다. 그의 장례는 '한국축산기업연합회장葬'으로 5일간 치러졌다. 그의 묘소가 있는 가좌동은 3천 석지기 시절의 집이 있던 진주시 정촌면 가좌리 마을이었다. 그러고 나서 2005년에 항일독립운동에 기여한 공로를 인정받아 대통령 표창이 추서되기도 했지만, 그는 세상에서 잊혀갔고 그의 묘지도 돌보지 않아서 버려져 있다시피 했다. 길 밖에서는 보이지도 않는 곳에 위치한 그의 작은 묘지가 쓸쓸한 사회운동가의 모습처럼 비쳤다.

그런데 강상호의 묘 앞에는 글자도 잘 보이지 않는 비석 하나가 있다. 강상호의 어머니인 전주 이씨를 기리는 '시덕불망비施德不忘碑'다. 이 비석을 해독해서 세운 안내판의 글을 옮겨본다.

시덕불망비

부족한 곳 누추한 마을 / 복전을 돌보아 농사짓게 해 주시고 / 천금을 바르게 쓰시어 / 많은 집이 돈을 얻으니 / 혜택이 산과 바다 같으매 / 아! 마음이 넓고 뜻이 크시도다 / 돌에 새겨 잊지 않고 / 백세에 전하리라

1917년 가좌리 주민 세움

마을에 가뭄과 홍수가 나서 주민들이 먹고살기 어렵게 되자 강상호의 어머니는 곳간을 열고 주민들에게 쌀을 내어주었다. 그런 어머니를 따라서 강상호는 주민들의 호세戶稅도 대납하는 등의 선심을 베풀었다. 그 집안은 진주지역에서 칭송을 받는 집이었다.

형평사가 진주에서 시작되고, 그 본부가 진주에 있었던 일은 강상호와 같은 이들이 있었기에 가능한 일이었다. 그는 형평운동의 마지막까지 자신의 모든 것을 던졌다. 천대받고 멸시당하던 백정의 벗으로 살다 간 사람. 그는 이 작은 곳에 누워 있지만, 누구보다 큰 삶을 살았다.

2023년이면 형평사 창립 100주년이다. 그때가 되면 형평운동의 유적지를 정비하고, 형평운동의 역사와 의미를 새겨볼 수 있는 기념관 하나 들어설 수 있을까? 강상호나 신현수 같은 사람들, 그리고 백정운동을 이끌었던 장지필 같은 사람들, 아니 그들과 함께 그 어두운 시절을 살아낸 이들을 기리는 추모제라도 제대로 올릴 수 있으면 좋겠다. 그래서 우리나라 최초의 인권운동단체인 형평사를 인권운동사에 온전히 기록할 수 있게 되길 바란다.

한국전쟁 시기
민간인 학살터

골로
간
사람들

한국전쟁은 끝나지 않았다

1953년 7월 27일, 한국전쟁 당사자들은 휴전협정에 서명했다. 이로써 1950년부터 계속되었던 한국전쟁은 일단 멈추었다. 휴전 상태이기 때문에 아직 전쟁은 끝난 게 아니지만, 우리는 전쟁을 잊고 산다. 휴전선을 경계로 남과 북이 대치하고 있으나 어쩌다가 긴장이 고조되는 정세가 아니면 휴전이라는 것도 의식하지 않는다. 그만큼 한국전쟁은 멀어져 있다.

그러나 전쟁 이후 지금까지 한국인은 한국전쟁으로 만들어진 분단의 틀 속에서 살아왔다고 나는 믿는다. 분단이 만들어낸 지독한 이분법의 사회, 그래서 다양성이 인정될 수 없는 극단의 사회. 우리 편이 아니면 적이라는 이분법 논리는 인권의 실현을 가로막는 최대의 장벽이다. 특히 정치 상황을 보면 그렇다. 자신들이 불리할 때마다 호명해내는 '빨갱이'와 '종북'은 전쟁 정치의 확실한 증거다. 일상에서도 다르지 않다. 이미 우리는 쉽게 적과 아를 구분하고는 한다. 중간에 다양한 입장과 의견이 있을 수 있다는 걸 인정하지 못한다. 의견이 다르면 공격의 대상으로 삼고, 적으로 몰아가는 사회에서는 토론을 통한 의견 수렴의 과정을 거치기가 어렵다. 다양성이 인정되지 못하는 사회에서는 극단적이 된다. 그러니까 우리는 분단이 만들어낸 무의식 속에서 살고 있는 것이다.

한국전쟁이 남긴 직접적인 상처들도 여전히 해결되지 않았다. 대표적인 것이 민간인 학살 문제다. 전쟁 때 이런저런 이유로 끌려갔다가 돌아오지 못한 민간인들의 주검이 전국에 널려 있다. 그럼에도 전쟁 후 오랫동안 지독한 극우·반공 국가가 된 이 땅에서 '폭도' '빨갱이'로 불리던 자들의 죽음은 입에 담아서는 안 되는 일이었다.

1960년 4월혁명이 터지자 그때까지 10년 동안 침묵을 강요당했던 민간인 학살 유족들은 전국에서 진상규명을 위한 유족회를 발족하고 연합회까지 만들었다. 신원운동이 시작된 것이다. 그제야 비로소 시신을 수습한 곳도 있었다. 묘를 만들고 추모비도 만들어 세웠다. 그런데 이듬해에 쿠데타로 권력을 잡은 박정희 정권은 등장 직후 유족회 간부들을 국가보안법으로 구속하고 묘를 파헤치고 추모비를 깨뜨렸다. 그 후로 애도조차 금지된 상황은 더 오래 지속되었다. 유족들이 다시 말을 할 수 있었던 것은 1987년 6월항쟁 이후 진행된 민주화 과정에서였다. 비로소 학살을 증언하고, 법을 통한 해결을 줄기차게 요구했다. 그래서 만들어진 게 '진실·화해를위한과거사정리위원회'(이하 진화위)였다. 진화위는 2005년 12월 1일 출범해 활동하다가 2010년 종료되고 말았다. 현재는 2기 진화위가 2020년 12월 10일부터 활동 중이다.

당시 진화위가 조사한 바에 따르면 전국 학살 희생자 매장지로 수도권과 강원 지역 22개, 충북권역 19개, 충남권역 9개, 경북권역 28개, 경남권역 41개, 호남·제주권역 35개 등 154곳이 확인되었고, 다시 추가로 14개가 확인되었다. 그러니까 2010년에 확인된 매장지만 168곳이었다. 전국 어디서나 민간인 학살이 있었고, 오랜 세월 동안 이들 학살터에서의 유해 발굴도 일부 지역을 제외하고는 이루어지지 못하고 있었던 것이다. 진화위는 그중에 우선 발굴 대상지로 39개소를 지정하고 12개소의 유해 발굴을 직접 작업했다. 2개 지역은 도로공사 과정에서 유해들이 드러나면서 진행되었고, 제주도에서는 제주 4·3사건 진상규명 차원에서 진행되었다. 그 뒤로는 중단되었다가 2014년 민간단체들로 구성된 '한국전쟁기 민간인학살 유해발굴 공동조사단'이 매년 한두 곳씩 발굴해 왔다.

나는 2000년 이래로 한국전쟁 시기 민간인 학살터 여러 곳을 다녔다. 방문할 때마다 이들 학살터를 어떻게 소개할까 고민을 했다. 이번 기행에서는 비극의 전형을 보여줄 수 있는 흔적이 그래도 많이 훼손되지 않은 곳들을 다시 찾아갔다.

사람 살던 읍내 바로 옆 박산골

거창군은 지리산의 북동쪽 방향이다. 지리산 바로 아래가 함양군, 산청군이고 이들 두 지역과 경계를 맞대고 있다. 거대한 지리산보다는 낮지만 해발 1천 미터 가까운 산들로 이어져, 산과 산 사이, 계곡과 계곡 사이에 마을들이 있다. 거창읍내는 산들이 둘러싸다가 잠깐만 하늘이 보일 정도의 틈을 준 분지다.

거창농협에서 지방도를 달려서 감악산으로 향한다. 감악산도 해발 945미터의 제법 큰 산이다. 여기를 넘어야 신원면이다. 산을 넘자마자 오른편에 청연마을이 나오고, 내려가면서는 탄량골이 있다. 모두 1951년 2월 한국군의 작전에 의해서 민간인이 대규모로 학살당한 곳이다.

2011년 가을 처음으로 거창 지역을 둘러보았다. 그 뒤 2012년 6월 말에 인권재단 사람의 후원회원들과 다시 이곳을 찾았다. 그때 거창읍에서 만난 고교 교사인 조익천 선생의 안내로 신원면으로 들어왔다. 신원면 보건소, 신원면 파출소를 지나면 면사무소가 있고, 거기를 지나면 바로 신원초등학교였다. 2, 3층 교사로 보면 예전에는 제법 많은 학생들이 다녔던 것 같다. 여느 시골 초등학교와 다른 구석은 없어 보였다.

1951년 2월 10일 밤, 신원면의 과정리, 대현리, 중유리, 와룡리 주민들 약 1천 명 정도가 이곳으로 끌려나왔다. 각 교실에 주민들을 집어넣고 밥도 주지 않았다. 한밤중에 주민들은 운동장으로 불려나가서 분류되었다. 군경 가족으로 지목된 사람들은 풀려나 집으로 돌아갈 수 있었지만, 남겨진 사람들은 운동장에서 밤새 두려움에 떨어야 했다. 그들은 다음날 아침 어둠이 걷히기 시작할 무렵 뒷산으로 끌려갔다. 조 선생은 학교 왼편에 있는 나지막한 산등성이를 가리켰다.

"사람들은 저기를 넘어서 박산골로 끌려갔어요. 거기서 총소

이 좁은 박산골에서 민간인 517명이 사살되었다는 증거는 총탄 자국이 난 바위로만 남았다.

리가 난 거죠."

그 말이 실감이 나지 않았다. 초등학교를 나와서 박산골로 향했다. 직선거리로 몇 백 미터나 될까. 초등학교를 나와서 왼쪽으로 돌자마자 보이는 너무 작은 골짜기. 바로 앞에 논이 있고, 중유천이라는 작은 천이 흐르고 그 위에 박산교가 있다. 박산교를 건너자마자 박산골이었다.

논 옆 골짜기 입구에는 자연석 하나가 세워져 있었다. 총탄 자국이 있는 그 바위에 흰색 글씨가 적혀 있었다.

박산학살장소
1950. 2. 11.
517명 희생

화살표로 표시된 골짜기 안쪽 바위들에도 당시의 학살 때 쏜 총탄 흔적이 역력히 남아 있었다. 바짝바짝 붙어 서도 500명이 들어서기에는 너무 좁은 곳이다. 서로 몸을 붙인 채 혼돈에 빠진 사람들의 아우성이 들리는 것만 같다. 그 골짜기 위에서 총탄이 쏟아졌다. 해가 뜨고 있었다. 517명의 시체는 솔가지들로 덮이고 불이 놓이고 다시 흙으로 덮였다.

"여기서 죽은 사람들 피가 도랑을 타고 박산교 아래 중유천으로 흘러들었는데 물고기들이 얼마나 살이 올랐는지 사람들이 몇 해 동안 중유천의 물고기를 잡아먹지 않았다고 해요."

조 선생의 설명을 들으니 골짜기가 더 서늘해졌다. 그곳에서 잠시 눈을 감은 채 고개를 숙이고 묵념을 올렸다. 그러고 보니 골짜기 주변 잡목들에 검은 천조각이 드문드문 묶여 있었다.

　한국전쟁 시기 민간인 학살 사건들은 대체로 시간이 한참 흐른 뒤에야 세상에 알려졌지만, 거창학살사건은 학살 직후인 1951년에 바로 알려졌다. 거창 지역의 무소속 국회의원이었던 신중목은 지역민들로부터 이 사건을 듣고는, 군 헌병대와 특무대 등의 감시와 협박을 이겨내고 당시 임시 수도였던 부산의 부산극장에서 이 사건을 폭로했다. 그러자 국회는 진상조사단을 구성해서 현장조사를 나왔는데, 거창읍에서 신원면으로 들어가다가 빨치산의 습격을 받아 현장조사는 하지 못한 채 돌아가고 말았다. 그런데 곧바로, 당시 경상남도 계엄사 민사부장이었던 김종원이 군인들로 하여금 빨치산으로 위장하여 국회 진상조사단에 총격을 가하게 했던 것이 드러나버렸다. 외신들이 이 사건을 집중적으로 보도하자 이승만 대통령은 "외지에 보도된 것만 트집 잡아 국방장관 신성모, 내무부장관 조병옥, 법무부장관 김준연, 3부 장관을 해임하면서도 정권 연장에만 눈이 멀어 사건 자체를 왜곡하고 양민을 학살한 군을 맹목적으로 두둔하여 '군은 용공분자 187명을 처형'했다는 터무니없는 허위 담화문을 발표"(거창사건추모공원 홈페이지)했다.

　거창 지역에서 당시 학살로 희생된 이들은 모두 719명. 거창사건추모공원 홈페이지에는 "15세 이하 남녀 어린이가 359명, 16~60세가 300명, 60세 이상 노인이 60명(남자 327명, 여자 392명)"이라고 밝히고 있다. 희생자의 절반이 15세 이하 어린이였다는 사실은 무엇을 말할까?

추모를 위한 공원과 무덤

박산골 학살터에서 나와 59번 지방도를 타고 신원초등학교 반대
방향으로 1.4킬로미터를 가다보면 거창사건추모공원이 나온다. 넓
은 대지에 갖출 것은 다 갖춘 전형적인 추모공원이다. 국가에서 세
운 추모공원들은 거의 비슷하다. 위패봉안소와 묘비들이 있고, 거
대한 조형물과 동상이 있고, 큰 건물이 한두 채 있고, 그 안에 전시
관이 있고, 교육관이 있는 식이다. 이것은 산청·함양추모공원도 마
찬가지다.

추모공원의 위령탑 옆에는 무릎 꿇고 용서를 구하는 군인상
이 있다. 이걸로 보면 군인들이 학살의 잘못을 인정하고 참회하는
것처럼 보인다. 교육관에서 틀어주는 사건 설명 영상에서도 군인들
이 뉘우치고, 그것을 용서하고 화해하는 것 같은 내용이 들어가 있
다. 추모공원의 다른 소개자료들도 마찬가지다. 그렇지만 이것은
사실이 아니다. 군이 한국전쟁 시기 민간인 학살에 대해서 공식적
으로 인정하고 용서를 구한 적이 없으니, 이런 설정은 너무 억지스
럽다.

그런데 이곳에서 중요한 곳은 추모공원이 아니라 추모공원
건너편에 있다. 추모공원의 끝에 천유교라는 큰 다리를 건너 사천
천을 가로지르면 도로 건너편에 큰 누각이 보인다. 언덕 위에 자리
잡고서 추모공원을 바라보는 모양새다. 그 누각에는 한자로 '오일
칠앙모루五壹七仰慕樓'라고 적혀 있다. 박산골에서 희생된 517명을
추모한다는 뜻이다.

군이 학살에 대해 용서를 구하는 자세를 표현한 동상.

그 앞의 너른 잔디밭을 지나 도로 바로 옆에 큰 묘가 있다. 오른쪽의 큰 묘는 남자들의 묘이고, 중간에는 여자들의 묘, 작은 묘는 어린아이들의 묘라고 했다. 학살이 일어난 다음, 군인들은 피해자 가족들의 접근을 막았다. 그 후 학살 사건이 정치적 사건으로 비화되고 국회에서도 진상조사단이 내려온다고 하니, 군인들은 어린아이들 시체를 따로 골라서 홍릉계곡에 묻었다. 어린아이까지 학살했다는 것이 알려지면 군이 난처한 상황에 처하게 되는 것을 막고

자 했던 처사였다. 학살 3년 뒤인 1954년에야 박산골에서 시신을 수습할 수 있었는데 시신들이 모두 뒤엉켜 있었으니 누가 누구인지를 구분할 수 없었다. 그래서 대충 큰 뼈는 어른 남자, 중간 뼈는 어른 여자로 구분했다. 그곳에서 나온 작은 뼈와 홍릉계곡에 별도로 매장한 어린이 뼈도 추려서 이곳에 합장을 했다. 두 개의 큰 무덤과 한 개의 작은 무덤은 그렇게 만들어졌다.

거창의 유족들은 1960년 3월에 '묘비건립추진위'를 만들었는데 마침 4월혁명이 일어난 정치적 상황이라서 5월에 합동 묘역을 조성했고, 11월에는 묘비와 함께 추모비를 건립할 수 있었다. 그해 5월 합동 묘역을 조성할 때였다. 유가족들과 주민들이 힘을 합쳐서 묘역에 쓸 석물을 운반하던 중에 학살 당시 신원초등학교에서 주민들을 분류했던 면장이 길을 지나가다가 사람들 눈에 띄었다. 그러자 사람들이 몰려가서 그 면장을 돌로 쳐 죽였다. 면장이 잘못 지목해서 가족들이 억울하게 죽었다는 억눌린 원한 같은 게 한순간에 폭발하면서 발생한 사건이었다.

1960년 4월혁명 이후 새로 구성된 국회에서 전쟁 시기 일어났던 학살에 대한 진상조사단이 구성되었다. 이 조사단이 거창 지역에도 내려와 한 달 동안이나 현장조사도 하고 올라갔다. 전국적인 신원운동이 일어나고 있었던 상황이기도 해서 이번에는 사건의 진상도 밝혀지고 책임자들이 제대로 처벌될 수 있으려나 하는 기대를 갖는 것도 당연했다. 하지만 1961년 5월 16일 박정희가 쿠데타를 일으키자 상황은 급변했다. 쿠데타 바로 이틀 뒤 유족회 간부들 17명이 반국가단체 구성 혐의로 구속되었다. 국가보안법 위반이었

학살 희생자의 유골을 어른 남자, 어른 여자, 어린아이로 추려 합장한 묘. 5·16 쿠데타 이후 파괴되어 쓰러진 그 모습 그대로 보존한 추모비가 보인다.

다. 이후에 면장 살해 사건의 주범이었던 사람은 집행유예로 나왔고, 유족회 간부들은 14개월 만에 무죄 판결을 받아서 석방되었다. 그렇지만 이런 과정은 진상규명이나 책임자 처벌을 요구할 수 없는 억압적인 분위기를 조성했다. 어렵게 만든 묘지는 파헤쳐졌고, 추모비는 글자가 정으로 쪼인 채로 깨뜨려져 땅에 묻혔다. 그런 뒤에 유족들은 30년 가까운 세월을 침묵하면서 견뎌내야 했다.

하지만 조용히 기다리기만 한 게 아니라 정치권에 대한 작업을 꾸준히 진행했다. 1988년에 땅에 묻혔던 비석을 캐내서 그 형상 그대로 눕혀놓았는데, 그때부터 매년 위령제를 지내면서 진상규명을 요구했다. 그런 노력 덕분에 전쟁 시기 학살 사건 가운데 가장 먼저 1996년에 특별법(거창사건등관련자의명예회복에관한특별조치법)을 만들 수 있었다.

1960년 합동묘를 만들 때 세웠던 위령비 비문은 시인 이은상이 썼다. 우리를 안내한 교사가 그 비석에 "미련한 군인"들이 저지른 만행이 기록되어 있음을 알려준다. 대한민국 군인들의 정식 작전에 의한 학살이 아니고 일부 군인들의 일탈행위로 보는 시각이 드러나 있다. 거창사건추모공원의 설명도 그렇다. 그렇지만 지금까지 드러난 사실들은 조직적이고 계획적인 학살이다. 1951년 2월 당시에 제11사단장이었던 최덕신은 '작전명령 제5호'를 내렸다. 명령의 내용은 "작전지역 안의 인원은 전원 총살하라. 공비(빨치산)들의 근거지가 되는 건물은 전부 소각하라. 적의 보급품이 될 수 있는 식량과 기타 물자는 안전지역으로 후송하거나 불가능한 경우에는 소각하라." 등이었던 것으로 확인된다. 이 명령을 하달받은 제9연대장 오익경 중령은 이를 다시 제3대대에 하달했다. 제3대대 한동석 대대장은 이 명령대로 1951년 2월 8일부터 11일까지 산청, 함양, 거창 지역의 이른바 '빨치산들이 준동하는' 지역에서 학살 행진을 벌였고, 단 나흘 동안 719명을 학살했다.

거창읍에서 감악산을 넘어가자마자 첫번째 마을이 청연마을이다. 지명으로는 신원면 덕산리다. 거창학살사건의 제2묘역인 청연묘역에는 청연마을에서 학살된 주민 등 84명 중에서 50기의 묘가 모셔져 있다. 묘역을 내려와 마을 앞의 감악산로를 건너가면 다랑이 논들이 있고, 그 입구에 비석이 하나 세워져 있다. 거창군청에서 12킬로미터, 자동차로는 20분 정도 거리다. 깊은 산골이다.

산청과 함양에서 대대적인 학살을 자행한 한동석 대대는 2월 9일 새벽 청연마을에 들이닥쳤고, 그곳에서 역시 마찬가지로 주민들을 논 가운데로 몰아넣고는 소총과 기관총으로 몰살시켰다. 모두 84명이 사망했고, 가옥은 78동이 불탔고, 가축들은 도살되었다. 그 학살의 현장에서 남자아이 둘, 여자아이 셋이 살아남았다. 그 가운데 가장 나이 많았던 이가 김운섭 씨였는데, 당시 아홉 살이었다. 그는 논에서 자신의 어머니가 기관총에 맞고 죽어가는 모습을 공포에 질려서 지켜보았다.

"어머니 얼굴이 반쪽이 날아갔어. 그걸 보고도 아무 소리 못했어. 시체에 깔려 있는데 여기저기 피가 흐르고… 산 사람은 안 죽일 테니 일어나라고 했는데 누가 일어났나봐. 그러자 또 총 쏴서 죽였어. 시체들 사이에서 깔려서 나는 죽은 것처럼 있다가 밤에 기어나와서 살았어. 어머니는 죽으면서도 우리 형제를 살리려고 기관총을 그대로 다 맞은 것 같아. 그날을 어떻게 잊나."

70세의 김운섭 씨는 2012년 그곳을 방문했던 우리 앞에서 61년 전의 그 참상을 설명하다가 더는 말을 잇지 못하고 울었다. 그는 신원면 과정리에 집이 있었는데 난리가 난다는 소문을 듣고 전날 밤에 집을 떠나서 감악산을 넘으려 했다고 한다. 어머니는 감악

산을 미처 넘지 못하니 청연마을 친척집에 가서 하룻밤 묵고 가자
해서 묵었는데 그런 변을 당했다고 했다. 김운섭 씨는 그 일을 겪은
뒤에 외지로 나가 살다가 중년의 나이에 고향으로 돌아와서는 거창
사건희생자유족회를 만들고 회장 직을 맡아 특별법 등을 만들어내
는 역할을 했다.

누군지도 모르는 사람들이 죽어간 골짜기

지리산을 정점으로 높고 험한 산들이 연이어 있고, 그 산들이 산맥
을 이루어 동으로 서로 남으로 달려 내려간다. 그중에 구곡산은 해
발 961미터의 높은 산이다. 그 아래를 둘러서 지리산대로가 나 있
고, 그 앞으로 시천천이 흐른다. 그냥 보면 평화로운 산골 중의 산
골인 듯하다.

　지리산대로를 달려서 중산리계곡으로 가기 전, 그러니까 시
천면사무소 못미처 외공리라는 곳이 있다. 처음 가는 사람이라면
안내 표지판을 지나치기 쉽다. 여기를 찾아갈 때는 꼭 주소를 알고
가야 한다. 경남 산청군 시천면 외공리 214-1번지. 내비게이션에
이 주소를 입력하면 도중에 길이 끊기고 만다. 당황하지 말고 표지
판을 찾아서 북쪽 방향으로 올라가면 곧 감나무밭이 나오고, 제법
경사진 농로 길을 따라가면 다시 밤나무밭이다. 그 밭이 끝나는 지
점이 소정골 학살터다. 길에서 500미터는 더 올라가야 한다. 내공
리 건너편이고, 깃대봉 건너편이다.

외공리 소정골. 유해를 발굴한 구덩이를 표시하기 위해 세워둔 나무 팻말이 눈에 띈다.

외공리 소정골을 처음 가본 건 '천릿길 기행' 중이던 2011년 10월이었다. 처음 그때는 거창에서 활동 중인 문화예술인 한대수 씨에게 부탁해서 가게 되었는데, 그는 그곳 안내자로 산청군의원을 지냈던 서봉석 씨를 붙여주었다. 처음 갈 때는 감과 밤이 바닥에 떨어져 지천으로 나뒹굴고 단풍들이 물들기 시작하던 때였다. 너무도 평범한 그런 곳이었다.

밤나무 밭이 끝나는 그 지점에 당도하니 큰 밤나무 밑에 발굴의 흔적이 있는 큰 구덩이가 있었다. 그 옆에는 게시판이 서 있고, 거기에 사건의 개요와 발굴 당시의 사진들이 걸려 있었지만, 이미

빛 바래서 제대로 알아볼 수 없는 지경이었다. 그곳은 숯굴(숯을 굽는 가마)이 있던 자리인데, 거기에 사람들을 몰아넣고 학살을 한 것이다. 가장 큰 학살터가 그곳이다. 거기서 산 쪽으로 흐르는 작은 개천을 건너면 다시 다섯 개의 구덩이가 있다. 그 구덩이는 땅을 1미터도 파지 않은 곳에 손이 뒤로 묶인 사람들을 몰아넣고 총살을 한 자리로 보이는데, 발굴을 하고 그 자리를 메우지 않은 상태 그대로였다. 사람의 유골이 묻혀 있던 그곳에는 보랏빛 쑥부쟁이가 천연덕스럽게 피어 있었다. 구덩이 가운데에 던져진 흰색 팻말이 아니라면 멧돼지가 내려와서 들쑤시고 간 흔적으로 오해할 수 있을 것만 같다.

서봉석 씨에 따르면, 1998년 진주MBC가 다큐멘터리로 〈지리산의 눈물〉을 방영한 것을 계기로 지역 단체들이 이곳의 학살에 대한 진상규명 작업에 들어갔다고 한다. 이곳에서 진혼굿도 지냈고, 무엇보다도 돈을 갹출해서 그곳의 땅을 매입했다. 지역 주민들의 힘겨운 노력으로 그곳이 보존되고 있었던 것이다. 2000년 5월에는 숯굴 구덩이를 파헤치고 유해 발굴 작업을 해서 약 150구의 유해와 유품을 발견했다. 하지만 보관 처리 방법이 없던 터라 그대로 목곽을 짜서 그 자리에 묻고는 봉분을 해주었다는데, 진화위가 2008년 7월에 이곳을 다시 체계적으로 발굴했다. 당시 경남대학교 박물관의 이상길 교수팀이 이 작업을 맡았다.

작업의 결과 숯굴에서는 142명 이상의 유해가 발굴되었고, 다른 구덩이까지 합해서 최소 268명, 최대 276명에 달하는 사람들이 이곳에서 죽임을 당했음이 확인되었다. 그리고 학살당한 사람들 대부분은 젊은 남성이었지만, 10명의 여성과 10세 전후의 어린 아이 유해도 수습되었다고 한다. 수습한 유골들은 충북대 박물관에 보관 중이라고 한다. 그런데 유해를 발굴한 결과를 종합하면 대부분 머리에 총상을 입었는데, 카빈총으로 근접거리에서 쏜 것이며, 죽은 사람들은 손이 뒤로 묶인 채 엎드리거나 꿇어앉은 자세였을 것으로 추정했다.

소정골에 끌려와 죽은 사람들은 누구일까? 1951년 2월 말 또는 3월 초라고 주민들은 기억한다. 어느 날 이른 아침에 장갑차를 따라간 11대의 버스에서 내려 산으로 끌려갔던 사람들. 끌려갈 때는 손이 묶이지는 않았다고 하는데, 주민들도 공포에 질렸을 것이니 제대로 가까이서 본 사람은 없었다. 그들이 산으로 끌려 올라간 지 시간이 좀 지나자 요란한 총소리가 몇 시간째 계속되었고, 한 무리의 군인들이 산에서 내려와 차를 타고 떠났다고 한다. 그 뒤에 그곳에 올라갔던 주민들은 너무 얕게 묻은 구덩이에서 삐져나온 사람의 팔다리를 보았고, 짐승들이 시신을 이곳저곳 물고 다니며 흩어놓기까지 했다고 한다.

거기서 발굴된 유품에는 인상, 경농, 금중, 숭중, 인중 등의 학교 이름이 새겨진 단추가 많이 나왔고, '이병제'란 이름이 새겨진 도장도 나왔고, 정교한 꽃문양이 조각된 은제 비녀도 나왔으며, 당시에는 보기 힘든, 옷에 달린 지퍼도 나왔다. 이런 유품들을 종합해서 볼 때 여기서 학살당한 이들은 이곳 지역 주민들은 아니고, 서울, 인천 등지에서 끌려온 사람들, 비교적 젊은 지식인층이었을 것으로 추정했다. 하지만 지금까지 그들이 누구인지에 대해서는 어떤

유해를 발굴한 구덩이들에 잡초가 우거져 있고, 안내판에는 빛 바랜 사진들만 몇 장 붙어 있었다.

증언도 증거도 없다. 다만 이들을 학살한 부대는 김종원 부대일 가능성이 조심스레 제기되고는 있지만, 당시의 학살과 관련한 서류들을 폐기한 상황이라서 확인할 길이 없다며, 서봉석 씨는 진상규명의 어려움을 말해주었다.

사건 후 10여 년이 지나 어떤 청년이 찾아와 당시의 동네 주민들에게 학살터를 물었다. 서봉석 씨 말로는, 그 뒤에는 아무도 그곳을 찾아온 사람이 없었다. 그는 누구였을까? 그곳에서 운 좋게 살아난 생존자였을까? 아니면 소정골에서 그들을 죽인 군인이었을까? 만약 후자라면 양심의 가책이라도 느끼는 사람이 있었다는 것인데. 이런저런 의문만 남긴 채 소정골은 그 자리에 있다. 학살터 밑에서 농민들은 오늘도 감나무, 밤나무를 키우며 살아간다.

내가 이곳을 마지막으로 찾은 건 2021년 6월 하순이었다. 이 책을 쓰면서 현장 사진을 찍기 위해서였다. 그런데 예전과는 달라져 있었다. 몇 년 사이에 학살터 위로 산꼭대기부터 벌목을 했고, 그런 다음에 나무를 식재했다. 그런데 그 나무들을 덮을 정도로 잡초가 우거졌다. 유해를 발굴한 구덩이들은 거의 메워지고, 안내판은 낡고, 유해 발굴 당시의 상황을 보여주는 사진들은 빛이 바랜 채 떨어져 있었다. 그동안 이곳이 방치되어 있었다는 느낌이 들었다. 그런 풍경이 쓸쓸했다. 이곳에서 죽어간 이들이 누군지도 모르는데 누군가 죽었다는 사실조차 잊혀가는 것은 아닌지.

외공리에서 나와 들른 곳은 경남 산청군 시천면 신천리에 있는 신천초등학교였다. 시천면사무소에서 약 10킬로미터 떨어져 있고 시천천을 따라 나 있는 잘 닦인 2차선 지리산대로를 자동차로 달리면 10분 거리에 있다.

신천초등학교는 지리산 아래 산인 해발 961미터의 구곡산을 배경으로 하고 있다. 그러니까 지리산을 거점으로 활동하던 빨치산들은 지리산 인근의 산청, 함양, 거창 등지로 쉽게 진출할 수 있었다. 구곡산은 그렇게 지리산으로 험준한 산맥으로 연결된 산이었다. 그런 탓에 이른바 '여순반란'을 일으켰던 제14연대 군인들은 토벌군들에게 쫓겨 지리산에 들어가서(이들을 전쟁 시기에 형성되었던 빨치산과 비교하여 구빨치라고 한다) 빨치산 활동을 하면서 이곳에도 종종 출몰했다. 그 빨치산들을 토벌하기 위해 제5사단 3연대 2대대 소속의 1개 소대가 시천면 면소재지인 사리 덕산초등학교에 주둔하고 있었는데, 1949년 7월 18일 빨치산의 공격으로 부대가 심한 타격을 입게 되었다.

"제2대대장 조재미의 인솔하에 출동한 국군은 신천리 인근 마을에 불을 지르고 강변과 신천국민학교에 주민들을 집결시킨 후 사살, 척살의 방법으로 살해했다. 그리고 이날 이후 제2대대 주둔지인 덕산국민학교와 제3연대 정보과 군인들이 본부를 차려놓은 농회창고에서 마을 사람들을 연행하여 취조한 후 살해했다. 희생자들은 토벌작전에 나갔던 국군에게 각 마을에서 연행되어 국군의 주둔지에서 고문을 당한 후 시천면 덕산국민학교 뒷산과 농회창고 뒷산, 삼장면 가막골 등지에서 살해당했으며 희생자의 거주지에서 살해당하는 경우도 있었다. 제3연대는 1950년 1월 말 서울로 이동할 때까지 이 지역 주민 수백 명을 빨치산과 협력하거나 좌익활동을 했다는 혐의로 살해했다."

시천면 신천초등학교 전경. 군인들은 이 운동장에 주민들을 모아놓고 학살했다. 학교 뒷산 멀리 대나무 숲이 보인다.

'시천·삼장 사건'을 조사한 진화위의 조사 결과였다. 그러니까 시천과 삼장에서 일어난 학살은 한국전쟁 전에 일어난 사건이다. 나는 이곳에 와서 주민들의 증언을 들으면서 학살은 전쟁 중에나 일어난 것으로 잘못 알고 있었음을 깨달았다. 남한은 이미 내전 중이나 마찬가지였다. 특히 지리산 일대는 빨치산의 근거지였고,

이를 토벌하기 위한 토벌대가 상주하면서 공방이 벌어지던 곳이었으니, 전쟁을 이미 겪고 있던 것이나 다름없었다.

1948년 여수와 순천에서 4·3항쟁에 나선 민중을 진압하는데 반대해 반란을 일으켰던 제14연대 군인들이 퇴각해서 들어온게 지리산이었다. 이때 이미 한국군에 의한 잔인한 진압과 학살이 있었다. 여수와 순천에서 잔인한 학살을 주도한 사람은 일명 '백두산 호랑이'라는 김종원이었다. 그는 앞에서 말한 것처럼 거창학살을 은폐하는 데도 역할을 했다.

신천초등학교 뒤에는 대나무 숲이 있다고 했다. 그곳에서 장교들은 병사들에게 사람 죽이는 연습을 강요하기도 했다. 병사들에게 총과 칼을 쥐여주고 사람을 죽이도록 강압하는 군대, 그렇게 피맛을 본 군대가 한국전쟁 중에 곳곳에서 학살을 저지를 수 있었던건 아닐까? 총살이 아니라 척살, 칼이나 죽창으로 사람을 찔러 죽이는 연습까지 시켰던 그런 곳이었는데 누가 그런 명령을 거부할수 있을 것인가?

이번에 가보니 난몰주민위령비亂沒住民慰靈碑가 서 있다. 관리는 잘되어 있는데 무슨 사건이 있었는지 안내판 하나 없다. 신천초등학교 뒤편에 있었다는 대나무 숲은 학교 바로 뒤로 지리산대로가 지나가게 되어서 한참 멀게 보인다.

사실 지리산 일대 산청과 함양, 거창 지역만 해도 민간인 학살터가 여러 곳이다. 1951년 2월 학살은 마을 곳곳에서 일어났다. 제11사단장 최덕신의 견벽청야堅壁淸野(적이 접근하지 못하도록 성벽은 견고하게 쌓고, 적들이 식량을 구할 수 없도록 들판은 깨끗이 청소한다는 뜻) 작전 명령이 충실하게 집행되었기 때문에 일어난 대량 학살이었다. 아직 군은 이런 사실을 명백히 인정하고 사과하지 않았다. 오히려 지리산 빨치산 토벌 전시관에는 빨치산 토벌을 하느라 수고한 장병들의 영웅적인 투쟁만이 기록되어 있다. 곳곳에 서 있는 위령비로, 잘 정비된 추모공원만으로 그때의 학살 만행이 이미 정리된 역사가 되었다고 할 수 없다.

세상에서 가장 긴 무덤

'세상에서 가장 긴 무덤'이 있다. 대전 산내 골령골이다. 무덤의 길이만 1킬로미터라는 대표적인 학살터다. 대전 산내에서 식장산을 넘어 옥천으로 가는 2차선 변에 있다. 요즘에는 공식 명칭인 곤령골보다는 골령골이라는 지명이 더 유명하고, 지도에도 골령골이라는 이름으로 나온다. 왕이 입었다는 곤룡포와 무슨 연관이 있는지 모르지만 이곳의 원래 지명은 곤룡골이었고, 그 골짜기를 흐르는 작은 천의 이름도 곤룡천이었다. 그런 것이 전쟁 시기에 워낙 많은 사람들이 죽은 다음에는 자연스럽게 골령골로 불렸다. 옥천으로 가는 고갯길도 '뼈재'라는 이름으로 불렸다. 사람 뼈가 워낙 많이 나온다고 해서 붙여진 이름이다.

2020년 11월 유해 발굴 때 처음 그곳에 가봤다. 한나절 동안 일을 도왔다. 흙을 조심스럽게 파들어가다 뼈가 보이면 표시를 한 뒤에 '한국전쟁기 민간인학살 유해발굴 공동조사단'의 단장 박선주

'대전형무소 정치범 및 민간인 집단1학살지'의 유해 발굴 현장(위).
학살터는 표지판이 없다면 알 수 없을 만큼 평범한 풍경들이다(아래).

교수에게 확인을 받는다. 그러고 나면 숙련된 발굴단원이 호미와 솔을 들고 아주 조심스럽게 뼈 주위의 흙들을 거두어낸다. 그러니 일이 더딜 수밖에 없다. 거기서 나온 흙에도 유골이 들어가 있을 수 있으니 한곳에 모았다가 고운 체로 걸러내는 작업을 반복한다.

발굴 현장이 처음은 아니었지만 땅 밑에서 드러난 유해들은 처참했다. 워낙 오랜 세월이 흘렀으므로 작은 뼈들은 이미 다 썩었고, 두개골과 골반뼈, 허벅지뼈가 남았다. 두개골에는 총탄이 뚫고 간 구멍이 확연한 경우도 있었다. 뒤통수에 총을 쐈다는 이야기다. 그렇게 드러난 뼈들이 죄다 엉켜 있는데 박선주 교수는 한번 학살해서 묻은 다음에 그 위에 다시 시신을 묻었기 때문이라고 설명했다.

골령골 학살터를 제대로 돌아본 것은 2021년 6월 하순이었다. 대전 지역에서 한국전쟁을 연구하고 조사하는 일을 하는 임재근 씨의 안내를 받았다. 그는 한국전쟁 시기 대전전투에 대해서 진실을 규명하는 연구를 했고, 그걸로 박사학위를 받고 전시회까지 열었다. 그는 처음부터 골령골의 학살을 밝히는 작업을 해온 몇 안 되는 사람이다.

대전시 동구 낭월동 13번지. 이게 골령골의 공식 주소다. 유해 발굴을 하는 제1학살터부터 제8학살터까지 있다. 몇 군데는 아직 추정지다. 대전시 동구와 한국선사문화연구원이 시행하는 것이지만 역시 박선주 교수팀이 현장을 지휘했다. 이미 두 번의 작업을 마쳤다. 습기를 머금은 하늘이 언제라도 비를 뿌릴 것만 같은 후텁지근한 날씨에 세번째 유해 발굴 작업이 진행되고 있었다. 전국의 현장이 그렇듯 자발적으로 참여한 자원봉사자들이 주축이었다.

박 교수는 유해 발굴 작업을 설명하면서 "도랑이 발견됐다"라고 했다. "작년(2020년) 1차 작업 때 산 밑을 파고들어가니까 도랑이 나오더라고. 도랑을 파고 거기에서 학살한 다음에 그 위에 흙 덮고 다시 한 차례 더 학살을 했다는 거지. 산 밑으로도 유해가 나오고… 여기서만 세 차례 학살했다는 게 확인되고 있죠." 그러니까 학살 때 길게 팠던 구덩이가 도랑처럼 길게 형성되어 있다는 거였다. 박 교수는 사진은 멀리서만 찍으라고 했다. 2020년 1차 유해 발굴 작업 사진 유출로 곤란을 겪었다고 했다.

"(학살 뒤에) 유골들을 대충 걷어내고 농민들이 밭을 경작하고 있어서 유해 발굴 작업을 하기 어려웠는데 2015년 유족들이 밭주인을 설득해서 위령제를 올릴 수 있었죠. 35미터 가묘를 만들었습니다. 그리고 '세상에서 가장 긴 무덤'이라고 이름을 붙였죠. 실제로 제1학살터부터 제8학살터까지의 거리도 1킬로미터이고, 여기 무덤들의 길이들을 합쳐도 1킬로미터가 나와요."

임재근 씨는 이곳 1990년대 말에 도로 공사를 하면서 현장이 많이 훼손되었다고 했다. 진화위는 2007년에 이곳의 제3, 4, 5, 8 학살 추정지에 대한 발굴에 나섰다. 제3학살터에서 29구, 제5학살 추정지에서 5구의 유해를 발굴했다. 제4학살 추정지와 제8학살 추정지에서는 실패했다고 했다.

이곳에서는 1950년 6월 말 한 차례, 그리고 7월 초 두 차례의 학살이 진행됐다. 전쟁이 나고 급격히 밀리자 정부는 우왕좌왕했다. 대전형무소의 다른 죄인들은 다 풀어주고, 사상범이나 제주 4·3사건 때 '폭도'로 잡힌 사람들은 풀어주지 않고 학살했다. 6월 말 1차 때 1,400명, 7월 3일에서 5일 사이 2차 때 1,800명을 학살했다는 기록이 있고(이때 학살을 진행한 책임자는 당시 대전 제2사단 헌병대 중위 심용현으로 최근에 밝혀졌다. 그는 성신학원 이사장을 지냈다), 3차 때는 7월 17일까지 인근 지역의 보도연맹원과 공주교도소 재소자 등도 이곳으로 끌고 와서 죽였다. 다른 지역의 학살터, 가령 거창 박산골에서는 517명이 학살당한 것도 꽤 큰 규모지만, 여기서만 7천 명이 학살당했을 것으로 추정되니 골령골로 불릴 만했다.

"인근 지역의 주민, 청년, 소방대원을 동원해서 구덩이 파고 난 다음에 트럭에 사람들을 싣고 와요. 한 트럭에 40명 정도가 실려왔고, 경찰 10명, 헌병대 10명이 한 조씩 대기시켰다가 학살을 했지요. 초기엔 군인들이 한 사람씩 총살을 하다가 너무 더디니까 방법을 바꿉니다. 사람을 미리 묶었다가 구덩이 앞에 여러 명을 나란히 엎드리게 해놓고, 헌병대가 한 명씩 등을 발로 밟고, 머리에 총을 쐈지요. 짧은 시간에 많은 인원을 죽이기 위해서였겠죠. 사람이 눈을 마주 보면 죽일 수 없으니까 이렇게 해서 죽였어요. 죽인 다음에는 구덩이에 던지고요."

임재근 씨는 유해 발굴 현장을 벗어나 산 아래 길도 없는 풀숲으로 우리를 데리고 갔다. 거기서부터 학살 추정지들을 하나하나 소개하면서 설명해갔다.

"진화위에서 제5학살터를 위에서부터 뒤졌는데 천 바로 위 지점에서 고무신이 발견되었어요. 45구경 권총 탄알도 발견되었고요."

제8학살 추정지를 보고 돌아나오는 숲길. 이곳이 누군가에게는 죽음으로 가는 길이었을 것이다.

그렇게 하나하나 찾아가는 길이 정말 1킬로미터였다. 마지막 제8학살 추정지로 가는 길은 곤룡천을 넘어서 임도로 들어가는 곳이었다. 도로를 벗어나자마자 깊은 숲에 들어서게 된다. 너무도 평화롭고 아름다웠다. 새소리가 들리고, 나무와 풀은 잘 자라 있다. 이곳에서 끔찍한 학살이 진행되었다고 누가 생각할 수 있을까? 우리가 상상조차 못 한, 우리와 매우 가까운 곳이 학살터였을지 모른다.

마치 제주의 풍광 좋은 관광지가 4·3사건의 학살터였던 것처럼.

　그래도 다행인 것은 2024년에 골령골에 '전국평화위령공원'이 건립될 것이라는 점이다. 전국에서 발굴된 유골들이 이곳저곳에 흩어져 있는데 그 유해들을 이곳에 봉안하려 한다고 했다. 그때 유골을 화장을 하지 말고 그대로 보전하면 어떨까 생각했다. 캄보디아의 킬링필드 박물관처럼 유골들을 그대로 보여주는 것이다. 그런 식으로 전쟁의 끔찍한 비극을 절감하고 평화의 소중함을 깨닫는 교육장으로 활용할 수 있지 않을까?

　그곳을 떠날 때 임재근 씨가 했던 마지막 말이 오래도록 기억 속에 남았다.

　"곤룡천이 흘러서 대전천으로 합류하는데, 홍수 때 뼈가 대전천으로 흘렀다는 얘기도 있어요. 여기서 감자와 고구마를 심었는데 그게 사람 머리통만 했다고 해요."

　거창 박산골에서 들은 이야기와 비슷했다. 사람의 피와 살과 뼈가 거름이 되었던 것일까?

우물과 골

골령골을 나와 대전에 온 김에 대전형무소 터를 찾았다. 자유총연맹 대전지부 건물 오른편에 망루가 하나 있었다. 옛 대전형무소 담장에 설치되었던 망루였다. 그리고 건물 앞 주차장을 지나 안쪽으로 들어가니 담장 잔해와 '기억의 터'가 만들어져 있었다. 야외인 이곳은 대전형무소의 연혁과 시대별 사진들을 보여주고, 형무소 건물의 잔해들도 전시해놓았다. 그곳을 지나면 주차장 왼편에 충혼비가 서 있고, 그 뒤로 말로만 듣던 우물이 있었다.

인민군은 급히 후퇴하면서 우익인사들을 학살했다. 사람을 죽여서 우물에 던져넣은 뒤 거기에 기와장과 돌을 넣어서 덮어버렸다. 끔찍한 학살이 이곳에서도 일어난 것이다. 여기서 인민군에게 학살당한 사람이 수천 명에 이른다고 한다. 외공리 소정골의 구덩이, 거창의 박산골, 그리고 골령골의 구덩이가 이곳에도 있었다. 다만 학살의 주체가 다르고 그 이유가 달랐지만, 광란의 전쟁은 어떤 이유로도 용서할 수 없는 만행을 곳곳에서 저질렀다.

전쟁이 끝난 뒤 인민군에 의한 끔찍한 학살이 있었던 곳의 유해 발굴은 곧장 이루어져 반공을 위한 선전도구로 활용되었다. 전사자들의 유해 발굴 작업도 꾸준히 진행되고 있다. 그런데 유독 민간인 학살터의 유해 발굴은 본격적으로 시행도 되지 않았다. 진화위에서 일부 진행했던 것을 제외하면 모두 민간에서 자발적으로 이루어지다가 최근에는 지방자치단체에서 민원 해결 차원에서 작업 중이다. 2기 진화위가 새롭게 구성되어 활동에 들어갔으니 국가 차원의 유해 발굴 작업이 재개될 것으로 기대된다.

유해를 발굴하는 것은 죽어간 이들의 원혼을 위무하기 위한 일이기도 하겠지만, 유해를 발굴하지 않으면 끊임없이 부인되는 전쟁범죄를 입증하기 위해서도 필요한 일이다. 또한 억울한 죽음을 늦게나마 세상이 알아줌으로써 죽어간 이들의 훼손된 인간존엄성을 회복하는 최소한의 조치이다. 나아가 거기서 죽은 이들의 유해

대전형무소에 있던 망루와 우물이 대전 시내에 보존돼 있다. 시민들이 쉽게 찾을 만한 곳이다.

를 마주하면서 다시는 광기의 전쟁과 국가범죄를 일으키지 않겠다고 다짐하는 계기이기도 하다. 남이든 북이든 아무리 고상한 이념이든 간에 학살과 같은 행위는 용납될 수 없기 때문이다.

골짜기로 끌려간 많은 사람들은 대부분 돌아오지 못했고, 그것을 본 우리에게는 "골로 간다"라는 말만 남았다. 그 골로 간 이들을 애써 기억하며 마주하는 일은 어쩌면 전쟁이라는 돌아올 수 없는 골로 가는 길을 막아버리는 가장 빠른 방법인 것 같다.

사회복지
시설에서
일어난
일들

시설에서 나온 한 남자

1998년 7월 초 한 사내가 혜화동 인권운동사랑방 사무실에 왔다. 어느 어린이놀이터에서 발견된 한 남자를 동국대 학생들이 데리고 온 것이다. 그의 몸에서는 고름 냄새가 진동했다. 온몸이 상처투성이였는데 치료하지 않아서 썩어들어가고 있었다. 입고 있던 청바지에 흰색 셔츠도 찢어지고 더러워져 있었다.

우선 그를 목욕을 시키고 옷을 갈아 입혔다. 상처를 소독하고 약을 발라주었다. 그리고 일주일 동안 나는 그에게 묻고 그는 대답을 했다. 이름은 박○○, 나와 동갑내기였다. 그는 알코올중독으로 부랑인 수용시설인 양지마을에 들어갔고, 거기서 10년 만에 탈출했다. 탈출하는 과정에서 창살에, 또 한밤중에 산으로 도망치느라 나뭇가지들에 온몸이 긁혔다. 도로에서 택시를 잡아탔는데 돈은 없으니 시계를 풀어 주었다고 했다. 어렵게 서울로 와서 당시 인권옹호협회인가 하는 사무실을 찾아가 자기가 양지마을에서 당한 피해 사실을 알리고 상담을 요청했다. 하지만 어떤 도움도 받을 수 없었다. 증거자료를 가져오라고 하는데, 다시 시설로 들어가서 가져오라고? 낙담한 그는 서울의 여기저기를 떠돌았다. 그러다 술을 먹고 놀이터에서 쉬는데 학생들을 만나서 자신의 상황을 설명했고, 그 학생들이 아는 인권단체인 인권운동사랑방으로 데리고 온 것이었다.

나는 그의 말을 대체로 신뢰했지만 그래도 확인할 필요가 있었다. 그래서 천안에 내려가서 양지마을을 취재했던 지방지 기자를 만나 박씨의 진술을 들려주었다. 기자는 박씨의 말이 대부분 사실이라고 확인해주었다. 양지마을은 외부 사람이 접근하기 어려운 시설이어서 취재도 막혀 있다고 했다. 나는 곧바로 이성재 국회의원과 함께 인권운동사랑방과 천주교인권위원회, 민주사회를위한변호사모임(이하 민변), 한겨레21 기자 등으로 조사단을 만들었다. 취재 기자 여러 명이 붙었다.

7월 16일, 해가 뜨기 직전에 우리는 충남 연기군 전의면 양지마을로 향했다. 차량 행렬이 제법 그럴싸했다. 사위가 밝아오니 우리 앞에는 거대한 시설물이 눈에 들어왔다. 박씨의 말처럼 콘크리트 담장이 빙 둘러쳐진 철옹성 같은 곳이 마치 교도소 같았다. 이성재 의원이 국회의원임을 밝히자 경비는 굳게 닫힌 철문을 열었다. 하지만 다시 철문, 그리고 다시 철문, 그걸 통과하고 나서야 사람들이 갇혀 있는 곳에 닿았다.

촘촘한 쇠창살이 창문마다 내리질러져 있었다. 창살 틈 사이로 사람들이 얼굴을 내밀고 있었다. 그들은 뜻밖의 상황에 당황한 눈빛이었다. 하지만 곧 우리가 자신들의 편임을 알아채고 울부짖기 시작했다.

"나 좀 여기서 나가게 해줘요."

"10년을 갇혀 있었어요."

"납치돼서 끌려왔어요. 여기는 감옥보다 더해요."

밖에서 잠그게 되어 있는 열쇠를 열고 들어가니 가운데 통로가 있고 양쪽에 나무 침상이 있었다. 옛날 군 내무반의 모습 그대로였다. 여기가 생활시설인데 도저히 믿기지 않았다. 더욱이 경악스러운 것은 막사 입구에 있는 작은 방이었다. 유치장처럼 칸막이가 된 쇠창살의 방. 벽에는 굵은 밧줄이 걸려 있었다. 저 밧줄로 사람을 묶기도 하고 패기도 했겠구나, 짐작이 갔다. 중구금 시설이 있는 생활방이었던 것이다.

우리가 한참 조사를 진행하는 도중에 양지마을의 실질적인 권력자, 사회복지법인 천성원의 이사장 노재중이 사람들을 이끌고 들어왔다. 우리는 버티다가 억센 사내들에게 번쩍 들려 나가야 했다. 하지만 이성재 의원이 경찰을 불러 그 도움을 받아 다시 조사를 진행했다. 거기에는 300명이 넘는 사람들이 갇혀 있었다.

그날 현장 조사를 통해서 24명을 버스에 태워 나갔다. 그리고 나서가 문제였다. 이들을 어떻게 먹이고 재우나, 아무런 대책도 없는데. 여기저기 전화해서 이 사람들이 임시로 들어가서 묵을 곳을 구하려 했지만 결국 허사였다. 시설 조사에만 신경을 썼지 시설에서 나가는 사람들이 묵을 곳을 마련하지 못한 것이다. 가까스로 대전 가톨릭농민회관을 빌려서 그곳을 숙소 삼아 밥을 먹이고 다음날부터 사흘 동안 사람들의 진술을 들었다. 서울에서 이덕우 변호사를 비롯, 민변 변호사들도 합류했다. 기가 막힌 이야기들이 사람들의 입에서 쏟아져 나왔다.

술을 먹고 조치원역 벤치에서 잠자다 끌려갔다는 사람은 갑자기 사내들에게 잡혀서 냉동탑차에 던져졌는데 거기 몇 명이 더 있었다고 했다. 시설에 들어오자마자 엄청 맞았고, 그런 폭력은 10년 동안 계속되었다. 집에 연락해준다고 했지만 아무런 소식이 없었다. 어느 날 시설에 들른 공무원에게 집에 연락을 좀 해달라고 부탁했더니, 시설 관리자들에게 불려가서 사람들 보는 앞에서 죽도록 맞았다고 했다. 담당 공무원이 한통속이었다. 시설 건물의 건축과 공사는 다 수용자들이 새벽부터 밤늦도록 한 것이다. 시설 관리자들이 자행하는 폭력에 맞서다가 또는 탈출하다가 맞아 죽은 사람도 있었는데 그런 사람들이 묻힌 곳이 '개미고개'라고 했다. 시설의 폭군 노재중의 말을 잘 들으면 계급도 올려주고, 여자도 지정해주어 별도의 방에서 같이 살게 해주었다. 여성들은 강제로 불임수술을 당해야 했다. 노재중 일가가 장악한 시설에서는 그의 지시가 곧 법이었다. 역이나 거리에서 사람들을 잡아와서 시설에 넘기는 일, 위에서 시키는 대로 원생들을 죽도록 팼던 일을 고백한 사람들도 있었다. 감옥은 정해진 형량이라도 있지, 양지마을은 기약이 없는 곳, 폭력에 시달리고 죽도록 일하다가 암매장될 수 있는 그런 곳이었다.

이런 사실들을 종합해서 기자회견을 하니 '육지 위의 노예섬'이라며 양지마을 사건을 언론들이 대서특필했다. 이후 사건이 대대적으로 조명되자 양지마을에 있던 사람들은 자기 의사에 따라서 퇴소하게 되었다. 300명 되는 수용자들이 대부분 시설을 나왔다. 그리고 노재중과 몇몇 사람들은 기소되었다. 관련 공무원은 벌금형을 받았다. 그런데 검사는 가장 심한 인권침해는 수사조차 하지 않은 채 횡령 등 무척 약한 혐의로만 기소했다. 노재중만 징역 2년 6개월 형을 살다가 나와서 다시 사회복지시설을 운영한다. 자신의 이름을 안 올리고 가족들을 앞세웠다. 그는 대전에도 충남 연기군에도 사회복지법인을 만들어서 많은 시설들을 운영했다. 양지마을은 지금은 '금이성마을'로 이름을 바꾸어 운영되고 있다. 그는 '사회복지재벌'이다.

양지마을에서 나온 사람들 중에 집으로 돌아간 이들은 아주 적었다. 이미 가정이 붕괴되었거나, 애초에 알코올중독으로 가족들로부터 버림받은 이들도 있다. 집으로 돌아갈 수 없는 사람들은 대부분 거리로 나가 노숙인이 되었다. 그 뒤로도 가끔 찾아오는 사람들이 있었지만 점점 연락이 끊어졌다. 길에서 죽었다는 소식들만 간간이 들려왔다.

흔적 없이 사라진 거대한 형제복지원

한종선 씨를 만난 건 2012년 하반기였다. 한국예술종합학교의 전규찬 교수가 전화를 걸어왔다. 대뜸 책을 하나 같이 만들자고 했다. 그래서 나온 게 『살아남은 아이』다. 전규찬 교수와 내가 공저자로 등재돼 있었지만 이 책의 주인공은 한종선 씨였다. 그는 부산 형제복지원에서 3년 동안 생활한 경험을 갖고 있었다. 그의 누나가 그곳에서 당한 성폭력 등으로 정신병에 걸려서 병원에 있고, 알코올중독이었던 그의 아버지 또한 형제복지원에 갇혀서 생활했다.

한종선 씨가 혼자서 국회 앞에서 몇 달 동안 형제복지원 생존 자임을 알리고, 진상규명을 요구하는 1인 시위를 하고 있을 때였다. 그에게 눈길을 주는 사람이 없었는데 국회 앞을 지나던 전 교수가 그를 발견해 이야기를 들었다. 세상에나 형제복지원이라니. 형제복지원은 악명 높은 부랑인 수용시설로 1987년에 시설 수용자들이 탈출하면서 그 실상이 알려진 뒤에 세상에서 잊혔던 곳이었다. 그 뒤로 25년 뒤에 형제복지원의 생존자가 나타난 것이니 얼마나 놀라운 일인가.

책에는 전 교수의 권유로 한종선 씨가 당시 생활하던 형제복지원을 어설픈 솜씨로 그려낸 만화 35장이 실려 있다. 어떤 말보다 어떤 글보다 당시의 상황을 잘 알려주는 그림들이다. 충격이 이만저만이 아니었다. 아홉 살 소년이 살아냈던 3년의 시간은 폭력의 연속이었다. 형제복지원은 부랑인 수용시설이었지만 '부랑인'이 아닌 사람들도 많았다. '후리가리'(일제단속)를 통해서 걸려든 사람들은 일단 이곳에 오면 벗어날 수 없었다. 이곳에서 죽은 사람은 513명. 자료로 확인된 것이다. 평균 3천 명이 수용되었던 형제복지원은 거대한 시설이자 감옥이었다.

처음 한종선 씨를 만났을 때 그는 자신을 '폭력기계'라고 설명했다. 군대식 조직에 폭력이 일상인 곳에서 죽지 않고 살아나온 것만으로도 자신은 폭력에 단련이 되었고, 이후 분노가 일 때마다 폭력을 휘둘러 여러 번 소년원에 잡혀갔다고도 했다. 그뿐만이 아니라 형제복지원 출신들이 대부분 그랬다.

그를 만나고, 책을 내고, 그리고 언론에서 이 사건을 보도하고 그러면서 형제복지원대책위원회를 만들었다. 대책위원회는 형제복지원 자료들을 열심히 찾아내서 조사도 하고, 교수와 전문가 들에게 연구도 맡기면서 이 문제의 해결을 위해서 형제복지원 생존자들을 찾아나섰다.

그렇게 만난 사람 중에 최승우 씨도 있었다. 그는 형제복지원의 바로 아랫동네에 살았다. 그러다가 경찰에게 잡혀갔는데 사는 곳만 확인했어도 그가 복지원에 들어갈 리 만무했다. 아마도 경찰은 할당량을 채워야 했으므로 아무런 확인 절차도 없이 그곳에 집어넣었을 것이다. 양지마을에서도 그랬던 것처럼, 1980년대, 아니 그 이후까지도 그런 일이 있었다. 그래서 최승우의 본적은 복지원 주소로 되어 있다. 공무원들도 공모했다는 이야기다.

한종선과 최승우, 이 두 사람은 형제복지원 문제를 알리기 위해서 자신들이 할 수 있는 모든 일을 해냈다. 형제복지원 피해자들을 위한 특별법을 만들기 위해서 부산에서 서울까지 자전거 행진을 했고, 여러 번 국회 앞 농성을 했다. 1987년 시설이 폐쇄되면서 모든 사건이 끝난 것으로 알고 있는 사람들에게 형제복지원의 생존자가 있다는 걸 알리는 것만으로도 그들은 큰 역할을 했다. 그들을 비롯한 생존자들의 활동으로 형제복지원의 폭력성과 국가의 공범행위가 낱낱이 폭로되자 검찰이 사과하고 부산시장이 사과했다. 나중에 한종선과 최승우, 두 사람이 국회 앞에서 2년 동안 농성을 하고 막판에는 국회 의원회관 현관 지붕에 올라가서 농성을 한 뒤에야 2020년 봄에 '진실·화해를 위한 과거사정리 기본법'의 개정이 이루어졌다. 이들의 노력으로 이명박 정권 때 막을 내렸던 진실화해위원회가 재구성되어 활동에 들어갔다.

형제복지원의 현장은 부산시 사상구 주례동이다. 주례동 산 18번지. 2021년 6월 두 사람의 안내를 받아서 그곳을 찾아갔다. 지금의 센텀아파트 101동과 한일유엔아이아파트 103동 뒤편으로 그들이 안내해주었다. 아무런 흔적이 없다. 이 가파른 산기슭에 3천 명이 수용되었던 형제복지원이 있었다. 이곳 아파트에 사는 주민들도 전혀 모르는 눈치다. 부지만 3만5천 평이었다고 한다. 백양산 아랫자락이고, 구덕산이 마주 보이는 곳으로 동서대학교와 경남정보대학교가 건너편에 있다.

센텀아파트 옆 등산로를 올라가다가 배수로 위의 오솔길로 접어든다. 형제복지원은 1987년에 폐쇄되었지만 1998년까지 복지원은 이 자리에 흉물처럼 서 있었다고 한다. 당시의 흔적은 배수로 바로 위의 콘크리트 물탱크로만 남아 있다. 3천 명이 사용하던 물을 이곳에서 공급했다. 거기에 복지원에서 만들었던 열쇠가 녹슨 채로 걸려 있다.

"이게 바로 형제원(그들은 그렇게 줄여서 말한다)에서 쓰던 거야."

최승우 씨는 대단한 증거라도 되는 듯 말하지만, 남아 있는 흔적이 그만큼 없다는 걸 반증하는 것이다. 배수로 옆을 따라가는 동안 야산에서 흙을 퍼 날랐던 일을 최승우 씨가 전해준다. 그런 흙으로 벽돌을 만들어 건물을 지었다고 했다. 예배당 뒤에는 암매장지가 있었다. 최승우 씨는 사람이 죽을 때마다 십자가가 늘었다며

형제복지원의 흔적은 아파트 뒤 등산로 가는 길의 콘크리트 물탱크뿐이다. 아직도 자물쇠가 채워져 있다.

곳곳을 가리킨다. 뭐라 단정할 수 없다. 그냥 평범한 야산, 소나무도 있고, 아까시나무도 있는 그런 비탈이다. 한번 파봐야 할까? 배수로 위를 따라가면서는 여기가 교회가 있었던 곳이라고 한다. 교회에서 말 안 듣는 원생들을 설교 강단에 올려놓고 폭행을 했다. 하느님의 이름으로 벌을 받아야 한다고, 박인근 원장이 그랬다.

최승우 씨가 건네준 〈종점 손님들〉이라는 영상을 봤다. 1981 년에 만든 형제복지원 홍보영상인데 거기서는 세상의 밑바닥으로 흘러든 부랑인들을 박인근 원장이 기도와 설득으로 갱생시킨다는 내용이었다. 박인근 원장은 그곳에서 하느님이었다. 그의 말은 곧 법이었고, 그의 설교는 말씀이었다. 누구도 그 말에 어긋나서는 살아남을 수 없었다. 그 영상만으로도 당시의 상황을 짚어볼 수 있다.

1975년에는 내무부 훈령에 의해서 '부랑인들을 소탕'해 시설에 수용했고, 1980년대에 그 일을 했던 것은 전두환 정권이었다. 더욱이 1986년 아시안게임과 1988년 서울올림픽을 앞두고 부랑인 단속을 대대적으로 벌였다. 이런 상황에서 국가와 형제복지원은 자연스럽게 공생관계에 있었다. 당시 제도로는 사회복지시설은 수용인원이 많을수록 지원을 더 많이 받기 때문에 무슨 수를 써서라도 수용자를 늘리려고 했다. 그 과정에서 존재하지 않는 수용자와 직원의 이름만 등록해두는 수법이 동원되기도 했다. 정권이나 부산시로서는 형제복지원이 있으니 단속된 부랑인들을 거기에 몰아주었다. 매일 실적을 올려야 하는 경찰들은 거리에서 아무나 대충 잡아서 부랑인이라고 딱지를 붙여 형제복지원으로 넘기기 일쑤였다.

　　형제복지원 앞에는 구포역을 거쳐 부산역으로 향하는 경부선이 지났다. 원생들은 감시자들의 감시를 받으면서 그 앞의 철로를 아슬아슬하게 건너서 냇가에서 모래를 퍼 날랐다. 콘크리트 벽돌을 찍거나 건물을 만들기 위해서였다. 그러니까 형제복지원의 거대한 건축물은 오로지 원생들의 노동을 착취한 것이었다. 한종선 씨처럼 아홉 살 아이도, 최승우 씨처럼 중학생이었던 소년도 예외가 아니었다. 지금 그 앞에 동서고가로가 지나가고 있고 지형은 많이 변했지만, 형제복지원을 앞을 지나던 경부선 철도는 여전하다. 그리고 철로 건너편 서민들이 사는 동네는 세월을 비켜간 듯 옛 모습 그대로라고 둘은 증언한다. 그곳에 높이 서 있는 대중탕 굴뚝에는 연기가 나지 않았고, 그 앞을 지키던 '형제수퍼마켙'은 간판을 갈아 달았다.

굴뚝 뒤편으로 펼쳐진 아파트 단지 일대가 예전 3만5천 평의 형제복지원 자리다.

　　형제복지원의 시작은 육아원이었다. 부산 감만항 근처의 야산 언덕에 그때의 흔적이 남아 있다. 컨테이너박스가 가득한 항구가 내려다보이는 한국항만연수원 부산 연수원 옆이다. 연수원 뒤편 약수터를 지나서 작은 도랑을 건너 숲속으로 들어가니 작은 단층 콘크리트 벽돌집이 한 채 있었다. 덩굴식물들이 뒤덮고 있는 집, 툭 밀기만 해도 허물어질 것 같다. 박인근 원장이 이곳에서 사회복지사업을 시작했다는 의미 외에 이곳은 크게 주목할 만한 건 없었다.

1960년대 박인근 원장의 아버지가 감만동 우암로터리 근처에서 아이들 10여 명을 데리고 육아원을 시작했는데, 뒤에 박인근 원장이 이곳에 건물 몇 동을 짓고 그 육아원을 옮겨왔다. 박인근 원장은 남의 눈에 잘 띄지 않는 바다 위의 절벽 숲속 땅을 근거지로 해서 시설을 더 늘려갈 계산이었던 것으로 보인다. 그런데 이후 이 땅이 사유지가 되어버린 탓에 그곳에 더 머물 수 없었다. 그런 사정으로 주례동에 형제복지원 터를 잡았다는 게 지금까지 알려진 사실이다.

폐허가 된 공간들

형제복지원이 세상에 알려진 것은 1987년 3월 22일이었다. 그때 시설 직원의 구타로 원생 한 명이 죽은 것을 목격한 원생들이 집단 탈출을 했다. 한편 이 사건을 파고들었던 당시 울산지청 김용원 검사에 의해서 사회복지계의 유력한 인사였던 박인근 원장 등 관련자가 구속된다. 그러자 시설은 급하게 폐쇄되었고, 그곳에 있던 원생들은 아무런 대책도 없이 시설 밖으로 내던져졌다. '박인근의 황제 감옥살이'가 언론에 폭로되기도 했다. 그가 구속되자 부산시장이 풀어주라고 압력을 행사했다는 소식도 보도되었다. 심지어는 감옥에 있어야 할 그가 밖에서 생활하고 있던 것도 발각되어 한참 세상을 시끄럽게 했다. 1심에서는 10년형을 선고받았는데, 2심, 3심, 파기환송심 등을 거치면서 징역 2년 6개월로 감형되었다. 그에게 감금죄도 해당되지 않는다는 대법원의 판결은 두고두고 이해가 안 되는 것이었다.

형제복지원 사건이 처음에 알려지게 된 현장을 찾아갔다. 울산시 울주군 청량읍에 있는 현장은 폐허로 남아 있다. 삼정초등학교 옆 공터에서 최승우, 한종선 씨와 만나서 언덕을 올랐다. 삼정초등학교는 2002년에 개교했으니 사건이 났을 때는 없었다. 인근에 쌍용하나빌리지라는 아파트 단지가 숲속에 있는데 이곳에는 1999년에 입주를 했다. 그렇다면 사건 날 때 이곳은 그야말로 사람이 살지 않는 산골이었을 것이다. 그 산골에 운전면허학원을 만들려고 했다고도 하고, 농장을 만들려고 했다고도 한다. 지금도 축대를 쌓고 건물을 세웠던 곳과 나무를 베어내 잡초 지대가 된 곳이 숲의 다른 곳과 확연히 구분된다.

이곳에 집단수용된 186명의 원생들에게 기합을 주면서 작업을 시키는 모습을 김용원 검사가 목격한 것이 형제복지원 상황이 세상에 알려지게 된 발단이다. 그러니까 사건으로 치면 여기가 시작 지점이다. 그의 증언에 의하면 사건을 수사하고, 형제복지원을 압수하고, 박인근을 구속하기까지 외압에 엄청 시달렸다고 볼 수 있다. 형제복지원에 대한 압수수색 영장을 받아내는 일도 어려웠다고 했다. 박인근 원장을 구속할 때 부산시장을 비롯한 정치계의 거물들이 전화를 하는 등의 압력을 이겨내고야 기소까지 할 수 있었다.

건물 두 동이 산기슭을 따라서 나란히 서 있다. 원생들의 숙소와 식당으로 쓰였을 것으로 보이는 바깥쪽 건물은 사람이 들어가

폐허가 된 형제복지원 건물. 예전에 생활했던 흔적이 그대로 남아 있다.

기에도 힘들 정도로 무성한 풀들이 입구를 가로막고 있다. 안으로 들어서면 예전에 작업을 했던 도구들이 어지러이 널려져 있다. 그런데 어찌 된 일인지 최근에 사람이 작업을 하면서 쓴 듯한 모자며 작업복이 벽에 걸려 있다. 최승우 씨는 아마도 이곳을 철거하려고 준비하나보다고 했다. 그러고 보니 문들이 떼어져서 가지런히 쌓여 있다.

건너편 건물도 다 무너질 것만 같이 위태롭다. 박인근 원장이 사망한 2016년까지는 관리가 되었으나 그가 죽고 나서는 방치되어 있던 곳이라고 했다. 그래서인지 폐허 건물 안에 텔레비전, 냉장고, 세탁기, 옷가지 들이 그대로 있다. 비상 상황에서 누군가가 몸만 빠져나간 것 같다. 그런데도 1년 전 택배 물품이 도착한 흔적이 있고, 바닥에는 개 사료 봉투가 있다. 언제까지 사람이 이곳에 있었을까? 최근에 모 정치인이 시세차익을 노려서 여길 매입했다고 하는데, 다 쓰러져가는 폐허이지만 이곳은 어떻게든 보존이 되면 좋겠다는 생각이 들었다. 부산 형제복지원 자리에는 이제 큰 아파트 단지가 들어서는 등 흔적이 없어져서다.

폐허를 보고 내려올 때 최승우 씨가 문득 예전 일을 떠올렸다.

"중학교 다닐 때 정○○이 담임이었는데, 복지원 분교 교사로 왔었죠. 그런데 나를 모른 척하더라고요. 세상에 선생이 그럴 수 있는 겁니까?"

아마도 삼정초등학교를 보니 학교 다니던 기억이 나서일 것이다. 허리가 아프다면서 차에서 기다리던 한종선 씨는 무슨 대화 끝에, "세상에 귀신은 안 무서운데 불 끄고 자는 건 무서워요"라고 말했다. 소등한 다음 어둠 속에서 소대장이건 중대장이건 원생들을 성폭행하는 소리가 들리면 피곤해도 잠들지 못하고, 나도 당할 수 있다는 공포감에 떨어야 했다는 것이다.

다음에 들른 곳은 부산광역시 기장군에 있는 실로암의집이다. 곰내재 생태터널 바로 옆 산속에 있다. 박인근 원장은 주로 산속에서 일을 시작하고 사업을 벌였다. 사업 수완이라고나 할까? 아마도 국유지나 시유지를 불하받는 걸 염두에 두고 벌인 것은 아닌가 싶다. 이곳은 박인근 원장이 형제복지원 사건으로 감옥에서 나온 다음 1996년에 차린 노인복지시설이다. 당시에 벌써 그런 생각을 했다는 게 놀랍다. 사회복지법인들이 사업성이 있다는 이유로 노인복지시설들을 세우기 시작한 게 2000년대 중반부터인데, 박인근 원장은 이런 추세를 일찍부터 간파했던 것으로 보인다.

기장읍에서 곰내재 생태터널 접어들기 바로 직전 도로에 차를 세우고 보니 녹색 펜스가 쳐져 있는 구역이 보인다. 정문은 잠겨 있었지만, 정문 옆 철조망은 터져 있어서 누구든 쉽게 드나들 수 있었다. 가파른 언덕길을 올라가자 산속에 시설이 있었다.

흰색 타일로 외장이 되어 있는 4층 건물은 창문도 정문 유리도 깨지고 집기들이 어지러이 널려 있었다. 곳곳에 해골 낙서가 있었다. 창문 하나에는 의자가 박혀 있다. 벽에는 라커로 휘갈긴 유치한 낙서가 가득했다. 유튜버들이 기이한 체험을 한 흔적이다. 고통의 흔적이 배어 있는 이런 곳까지 와서 그런 장난을 한다.

박인근 원장이 설립했던 노인복지시설이라고 하는데, 4층에는 실로암교회도 있고, 해수탕이나 건설업을 했던 흔적들도 남아

거대한 폐건물로 남은 실로암의집 내부의 수용자들 숙소.

있다. 실제로 대책위 관계자들은 이곳에서 형제복지원 자료들을 무더기로 발견해서 부산시에 넘기기도 했다. 최승우 씨는 담요 몇 장에서 형제복지원 마크가 찍힌 걸 찾아냈다. 사회복지와 해수탕과 교회와 건설업 등이 어떻게 연결되는지는 모르겠지만, 하나는 분명했다. 돈이 되는 일이면 무엇이든 손을 댔다는 것, 결국 그 사람에게 사회복지는 돈을 벌기 위한 수단이었을 뿐이라는 것이다. 사람을 시설에 가두고 그걸로 돈벌이를 하는 그에게 정부는 훈포장까지 주면서 사회복지계의 거물로 키워줬다.

　　다음 목적지로 이동하는 길에 동행했던 일행 중 한 사람이 말했다.

　　"이게 다 저랑 같은 70년대생들이 겪었던 일들이라니… 우리가 살던 시대에 이런 일이 일어났다는 게 믿기지 않네요."

한종선 씨는 아홉 살이던 1984년에, 최승우 씨는 중1 때인 1982년에 그 지옥에 끌려갔다. 이 세상에는 눈에 보이지 않는 지옥이 있기 마련이다. 지금도 어딘가는 지옥일 것이다. 다만 세상 사람들 눈에 띄지 않을 뿐, 아니 세상 사람들이 구태여 보지 않으려 해서 보이지 않을 뿐일지도 모른다.

그러면 국가는 '사회복지'라는 이름을 단 시설들에서 고통을 당한 이들, 그리고 죽어간 이들에 대해서 어떤 책임을 질 수 있을까? 이제라도 그들의 무참히 짓밟힌 인권을 회복시켜줄 수는 있는 것일까? 지금도 장애인과 사회적 약자들이 격리되고 수용되어 고통당하는 시설들은 언제까지 '사회복지'라는 이름으로 유지되어야만 하는 것일까?

부산역 근처에 있는 '형제복지원사건 피해자종합지원센터'가 있다. 두 사람을 비롯한 형제복지원 생존자들의 활동이 알려지고, 당시 부산시가 형제복지원 박인근 원장과 공범 관계에 있었다는 비판을 받게 되자 부산시가 작은 공간을 마련해준 것이다. 이런 공간이 있는 게 얼마나 다행인가. 부산시는 뒤늦게나마 자신들의 잘못을 사과하고 실태조사도 벌였다. 그곳에는 부산시에서 파견한 임시직 공무원도 나와서 생존자들의 일을 돌봐주고 있었다.

형제복지원 사례를 연구한 서울대학교 사회학과 형제복지원연구팀에서는 2021년에 『절멸과 갱생 사이』라는 책을 펴냈다. 그들은 연구를 하면서 이 사례에 대표적인 근대적 정치 모델인 푸코의 '규율정치disciplinary politics'와 음벰베의 '죽이는 정치

necropolitics'를 대입해보려고 했지만 이 두 모델 모두 들어맞지 않았다고 한다. 규율정치는 "근면하고 성실한 노동자/국민 만들기"이고, 죽이는 정치는 "국가의 정체성과 맞지 않는 이들을 제거하는 것"인데 이것으로는 국가와 민간 복지사업가의 공모가 설명되지 않았다. 그래서 그들은 "인간의 몸을 착취할 수 있는 거대한 시장을 만들고 유지하면서 사회의 발전을 꾀했던 국가"를 "인신매매국가"로 명명했다.

방치된 소년들의 무덤

1984년 시화방조제는 안산과 대부도만 이어서 만든 게 아니다. 대부도에 선감도를 잇고, 다시 탄도를 이은 다음 화성시 서신면의 전곡리까지 이어서 만들었다. 지금은 지형이 바뀌어 선감도가 육지나 다름없지만 여긴 시화방조제가 만들어지기 전에는 엄연한 서해의 섬이었다. 그래서 방조제가 가로막고 있던 그곳으로 갯벌이 이어졌고, 썰물과 밀물이 드나들었다. 밀물이 들 때 이곳에 배에 태워져 섬으로 와야 했던 소년들이 있었다. 그것도 1942년부터 1982년까지 40년 동안이나.

안산에서 시화방조제를 건너오는 301번 지방도(대부황금로)를 따라서 가면 대부도를 지난다. 대부도 본섬을 지나면서 경기창작센터라는 이정표를 눈여겨보고 나루터길로 접어들어 가다보면 선감로를 만난다. 이렇게 지금 선감도라는 지명은 길 이름으로만 남아 있다.

경기창작센터 자리가 선감학원이 있던 자리다. 몇 년 전 나는 이곳에 우연히 온 적이 있었다. 소설가 김훈 선생이 이곳에 와서 글을 쓰던 때였다. 하룻밤을 지내면서 그에게서 처음으로 선감학원에 대해 들었다.

"여기 선감학원이 있었지. 그때는 여기가 섬이었어. 육지에서 끌려온 소년들을 감금시켜놓고 강제노역을 시켰던 자리야, 여기가."

어떤 대화 중에 지나가듯이 했던 말이 기억에 남아 나중에 자료를 찾아보았다. 일제가 만든 부랑소년들의 수용소. 함흥에 처음 만든 다음에 이런 섬에 만들었다. 육지의 격리시설에서는 소년들이 자꾸 탈출을 하는 말썽이 생기니, 아예 탈출이 불가능한 섬을 택한 것으로 보인다. 형제복지원 생존자들이 증언을 하고 사회적 이슈로 만든 것을 보고 선감학원 생존자들도 용기를 내서 자신의 모습을 드러내고 고통스런 기억들을 증언하면서 이 사건이 세상에 알려지게 되었다. 서울과 인천에서 단속에 걸려든 부랑소년들을 서울과 인천의 시립아동보호소에서 분류해서 이리로 보냈다고 하는데, 생존자들의 증언을 들어보면 그들은 부랑소년도 아니었다. 형제복지원의 예처럼 갑자기 경찰이 잡아서 끌고 가서 이곳까지 오게 되었다는 이야기들이 넘쳐난다.

그런데 그때의 악습을 끊지 못하고 해방 뒤에도 한참 지난 1982년까지 똑같은 형태와 방식으로 시설이 유지됐다. 이 선감학원은 이후 한국에서 사회복지시설이 격리와 수용을 지향하는 성격

경기창작센터 본관 앞에 세워진 선
감학원 추모비(옆).
선감학원에 수용될 소년들이 배를
타고 들어온 나루터 앞에 펼쳐진 갯
벌을 보면 당시 소년들의 막막함과
두려움이 느껴진다(아래).

을 갖게 만든, 그러니까 형제복지원과 양지마을 같은 사회복지시설의 원형인 셈이다.

선감학원에서 일어났던 일들이 선감학원 밖 사회에서도 그대로 이어졌다. 당시 선감도의 주민들도 공범이었다. 탈출한 소년들을 발견한 섬 주민들은 그들이 집에 돌아가도록 도와주지 않았다. 이 소년들의 열악한 처지를 악용해서 노예처럼 붙잡아두고 일을 시켰다. 매질도 그대로였다.

대부도를 여러 번 지나면서도 사실 선감학원의 흔적을 찾은 것은 2021년 초였다. 경기창작센터에는 선감학원에서 인권유린을 당한 이들을 기리는 추모비가 한편에 들어서 있다. 경기창작센터 본관 107호에는 선감학원 피해자 신고센터가 있고, 선감학원 전시장도 있다. 경기창작센터에서 뒤편 야트막한 언덕을 넘어가면 컨테이너 박스로 만든 선감학원 역사박물관이 있었는데, 그곳을 폐쇄하고 2021년 하반기에 본관으로 옮겨왔다. 그렇지만 경기도에서 운영 예산이 책정되지 않아서 지금은 제대로 문을 열지 못하고 있다고 한다.

이곳으로 옮겨오기 전 역사박물관에서 본 선감학원 초창기의 사진 속에는 칼 찬 일본 순사와 함께 배에 태워져 이곳에 도착하는 소년들의 모습이 있었다. 그 배가 도착한 선착장은 나루터 길 입구에 있다. 흐린 사진 속에서 어딘지 모르는 섬에 도착하는 소년들. 눈빛이 불안에 떨리고 있었다. 그 소년들이 어떻게 되었는지는 아무도 모른다.

경기창작센터의 건너편 모텔 뒤에 있는 야산으로 간다. 원장

선감학원 소년들의 시신을 암매장한 곳에 개망초꽃이 뒤덮였다.

관사로 쓰던 집으로 추정된다는 작은 한옥집도 지나 모텔 앞의 도
로를 따라 비탈길을 올라가다보면 도로변에 공터가 나온다. 여기
100여 개의 무덤이 있다. 산속도 아니다. 선감학원이 있던 자리에
서 바라다보이는 낮은 산의 한구석일 뿐이다. 여기는 선감학원에서
맞아 죽은 소년들, 탈출해서 바다에 빠져 익사한 소년들의 시신을
건져서 암매장한 곳으로 알려져 있다.

지난겨울에 갔을 때는 낮은 무덤들이 드러나 보였다. 제대로 된 무덤이라고 볼 수 없을 정도의 초라한 무덤들이 도로변 야산에 늘어서 있었다. 그랬던 곳이 여름에 갔더니 온통 풀밭으로 변해버렸다. 흰색 개망초꽃이 뒤덮었고, 쑥대밭이어서 풀들이 허리께까지 올라온다. 어디가 무덤인지 구분조차 되지 않는다. 이 섬으로 억울하게 끌려온 소년들은 누구였을까? 그리고 여기서 매맞아 죽은 소년들, 갯벌에서 죽은 소년들은 누구였을까? 우리는 이제라도 이 무덤들의 주인을 찾을 수 있을까?

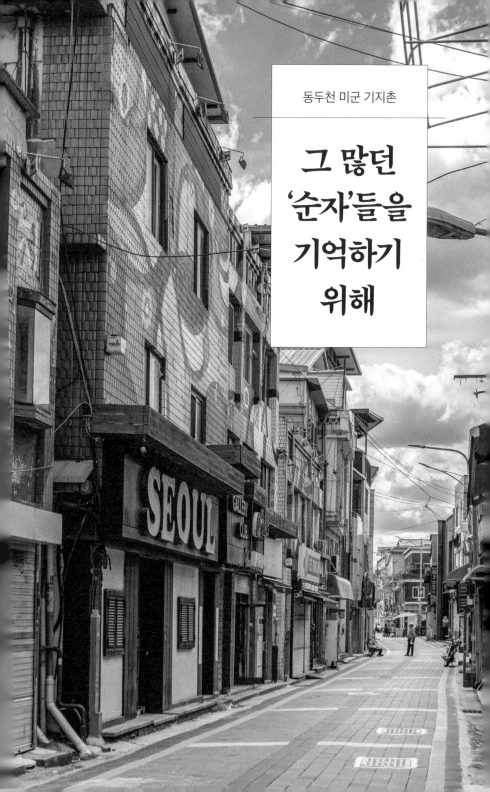

그 많던
'순자'들을
기억하기
위해

동두천에서 온 책

2021년 7월 초 페이스북 메신저로 동두천에서 보낸 메시지가 도착했다. 경기북부평화시민행동에서도 활동하는 최희신 씨가 동두천역사문화연구회에서 『동두천을 찾고, 잇다,』(마지막 쉼표는 책 제목 그대로다)란 책을 냈다면서 소식을 전한 것이다. 동두천역사문화연구회라는 단체는 동두천에서 사는 사람들의 작은 모임이다. 지난해 방문했을 때 책을 준비 중이라고 하더니 출간된 모양이었다. 애써서 만든 책을 그냥 받기가 미안해서 사서 보겠다고 했으나 굳이 받아달라고 해서 주소를 보냈더니 책은 몇 주 뒤에 집에 도착했다. 책에는 동두천의 역사적인 장소 17곳을 선정해서 답사기도 적고 관련 자료들도 선별해서 실었다. 그런데 그 17곳 중 청동기 거석문화 시기의 서돌을 제외하고는 모두 전쟁과 미군기지와 관련된 곳들이다. 그만큼 동두천이란 도시의 역사에는 한국전쟁과 미군이 결정적 영향을 미치고 있다는 말이기도 하다. 지역사회에 대한 애정과 고된 노력이 이런 결실을 만들어냈다. 그래서 책이 더 반가웠다.

동두천에는 2000년대에 들어와서 여러 번 갔다. 내가 소장으로 있던 인권재단 사람의 이사로 일했던 김대용 씨가 그곳에서 치과의사를 하면서 시민단체를 만들어 활동하고 있었다. 그런 인연으로 재단 활동가들과 워크숍도 갔고, 개인적으로 김대용 씨를 만나러 가기도 했다. 그럴 때마다 그는 자신이 알고 있는 동두천을 설명하기에 바빴다. '육지 속의 섬'으로 불리는 걸산마을과 턱거리마을, 공여지 반환운동 현장인 쇠목마을은 그의 안내로 가보았다. 그러면서 동두천이 한국전쟁 이후에 겪었던 일들에 관심이 커졌다.

지난해 답사를 다녀온 뒤로는 기지촌 여성들에 관한 자료들을 섭렵했다. 미군기지가 들어오고 미군들의 위안과 사기 진작을 위한 방안으로 기지촌이 형성되고 거기에 미군들을 상대하는 상업들이 발전하게 되는 과정이 어떻게 가능했는지 궁금했다. 한국 정부와 미국 정부, 그리고 지역의 민간인들이 합작해서 여성의 몸을 착취해가는, 지옥과도 같은 구조 속에서 살다가 죽어간 여성들을 기억해야 할 것 같았다. 그런 이야기를 전하기에는 동두천이 가장 적합한 도시라고 생각했다. 그러고 나니 이번 책에서는 동두천 전체가 아니라 동두천 미군 위안부들의 흔적을 찾아보는 쪽으로 생각이 기울어져갔다. 미군기지 문제에 대해서는 자신들이 살던 삶터를 빼앗긴 주민들의 평화적 생존권이라는 관점에서 '평택 대추리 미군기지 확장 저지 투쟁'을 했던 나로서는 새로운 도전을 하는 셈이었다. 최희신 씨의 안내를 받아 답사를 가기로 했다.

글을 쓰기 위해 찾아본 자료들 중에 『미군 위안부 기지촌의 숨겨진 진실』(한울아카데미, 2020)이란 책이 있다. 미군 위안부였던 김정자 씨가 자신이 생활했던 전국의 미군 기지촌을 방문하면서 그곳에서 있었던 일들을 증언한 것이다. 한 여성이 평생 겪어야 했던 끔찍한 이야기가 읽기 힘들었다. 그가 그런 인권유린을 당할 때 국가와 사회는 공범이었다. 이 책은 1960년대부터 1990년대까지 미군 위안부로 살아온, 그러다가 미군 위안부 피해자를 지원하는 일을 해온 한 여성이 자신의 경험을 자신의 언어로 직접 말했다는 데 의미가 있다.

권인숙 의원(전 명지대 교수)은 이 책 추천사에서 "이 책은 다르다. 김정자 씨의 이야기를 일부도 아니고 일생을 다루고 있다. 그것도 한두 번의 술자리에서 나눈 대화도 아니고 고통스러운 과거로의 여행을 병행하면서 쏟아낸 말들이다. 여기에는 이야기, 감정, 행동, 반응 그 모든 것이 다 담겨 있다. 그래서 거칠고, 생생하고, 부담스럽고, 힘겹다"라고 토로한다.

나는 기지촌의 미군 위안부들을 직접 만난 적이 없다. 갑자기 만나서 그들이 겪었던 일들을 들을 수도 없다. 제대로 된 이야기를 듣기 위해서는 오랜 시간 신뢰관계가 있어야 한다. 따라서 피해 당사자들의 증언 대신에 김정자 씨의 책을 인용하려 한다.

미군 위안부 여성들의 거처

동두천시를 지도로 보면 오른편은 숲으로 표시되고, 그 숲을 둘러싸고 도시가 발전해 있다. 그런데 지도상에 나타나는 숲은 그냥 숲이 아니다. 동두천시를 대부분 차지하고 있는 미군기지, 캠프 케이시, 캠프 호비, 캠프 모빌을 그렇게 표시했을 뿐이다.

동두천을 대표하는 미군기지는 캠프 케이시로 가장 넓은 면적을 차지한다. 동두천에 미군이 주둔하기 시작한 게 1951년 7월부터라고 하는데, 주한미군의 여러 사단이 주둔했지만 가장 오랫동안 이곳에 주둔한 미군은 제2사단과 제7사단이었다. 제7사단은 1971년에 동두천에서 철수했고, 그 뒤로는 제2사단이 한국전쟁 이후 계속 주둔했다. 2004년까지는 미군이 1만 명 이상 있었다. 미군기지는 동두천시 전체 면적의 42퍼센트(40.63㎢)를 차지할 정도였다. 지금은 주한미군이 평택으로 모이고 있고, 미군 공여지도 반환되고 있는 상황이라고 한다. 현재 미군의 수는 약 3천 명이라는 게 시민단체들의 추산인데 정확한 인원이 얼마인지는 모른다.

동두천에는 미군이 들어오고 외지인들이 몰려들면서 농촌지역이 도시로 변해버렸다. 동두천의 지도를 다시 보면, 전철 1호선과 3번 국도가 나란히 달리고 그 양옆으로 시가지가 형성된 꼴이다. 지도의 오른편, 즉 동쪽은 미군기지다. 그곳이 원래의 동두천이었는데 미군이 차지하면서 그 미군기지 주변으로 도시가 형성되었다. 지도에서 보산역과 동보초등학교 사이는 아예 시가지가 사라지고 도로와 철로만 나온다. 그것도 실제로는 오른편이 캠프 케이시이고, 왼편이 캠프 모빌이다. 그러다가 동두천역과 소요산역을 지나면서 동두천시는 끝난다. 미군기지로 인해 동두천은 원래의 중심지를 잃은 도시가 되었다.

동두천시의 경제 중심지는 보산동이었다. 버려진 하천변

에 들어선 상습 침수지역이었다. 보산역 1번 출구로 나오면 '외국인 관광특구'가 나오는데 그곳이 우리가 아는 기지촌이다. 전쟁 뒤에 이곳에 기지촌이 형성되면서 동두천의 경제를 좌지우지했다. 1960년대 전국에 2만 명의 미군 위안부가 있다고들 했을 때 동두천에만 6천 명이 있었을 정도로 동두천은 전국에서 가장 큰 미군 위안부 집창촌이었다. "1967년 한 해 보산동 26개 미군 전용 클럽이 1년간 벌어들인 외화는 약 40만 달러에 이르며 당시 한국의 총 수출액이 4천만 달러 안팎이었던 것을 보면 엄청난 외화 획득 지역이다."(『동두천을 찾고, 잇다』, 69쪽) 최희신 씨에 따르면, "한때 동두천에서는 개도 달러를 물고 다닌다는 말이 나돌 정도였고, 그래서 동두천이 아니라 '돈두천'"이었다고 했다. 그만큼 미군을 둘러싼 각종 경제활동이 활발했던 곳이다. 그런데 그 경제활동이라는 것이 어떤 것이었을까?

지금은 미군이 크게 줄면서 동두천시를 새롭게 변화시키기 위한 노력이 곳곳에 눈에 띄지만, 그래도 보산동 거리의 풍경은 낯설다. 마치 외국 도시의 거리 같다. 밤에는 더욱 화려한 조명들이 거리를 비춘다. 영어 간판들이 수두룩한데, 유독 '클럽'이나 '하우스' 같은 이름을 단 건물이 많다.

건물들은 한 사람이 겨우 다닐 수 있을 만큼의 간격을 두고 늘어서 있다. 건물과 건물 사이의 거리를 확보하지 않은 채 불법으로 지어진 것임을 알 수 있다. 건물은 밖에서는 별로 커 보이지 않는다. 내부 구조를 보면, 앞쪽에는 그닥 크지 않은 공간이 있는데 안쪽 문을 열고 들어가면 밖에서는 안 보이는 넓은 공간이 나오는 식이다. 이곳에 모인 사람들은 주로 밴드가 연주를 하는 가운데 어울려서 술 마시고 춤을 추었다. 2층 건물의 경우 1층에서 클럽을 운영하고, 2층에서는 성매매가 이뤄지던 곳이 대부분이었다고 한다. 건물마다 방범창이 설치되어 있는 것도 특징이다. 성매매 여성들이 탈출하는 것을 막기 위한 장치라고 설명한다. 감금된 채 성매매를 강요당한 이들은 주로 미성년자였다는 말도 있고, 빚이 많은 위안부들이 주로 그런 처지였다고도 한다.

대형 클럽들 주변에는 기지촌 여성들의 거처이자 성매매가 이루어지던 영업장들이 있다. 보산역 근처에는 작은 무대가 설치된 '한미우호의 광장'이 있는데, 거기서 오른편 주차장으로 이어지는 곳으로 최희신 씨가 안내한다. 그리고 파란색 지붕의 붉은 벽돌집 앞에 멈춰 선다. 깔아놓은 지 얼마 되지 않는 보도블록의 한 지점에 서서 그는 "이곳이 윤금이 씨가 살해된 곳"이라고 설명한다. 주소로는 보산동 429-64(상패로 212-34)다. 아니 길바닥 위에서 살해되었다고? 이상하다 싶었는데 곧 그의 설명을 듣고 이해가 되었다. 윤금이 씨가 살았던 집이 보도블록 앞의 파란 지붕집이다. 24개의 방이 길게 늘어서 있었는데 이 집이 잘려나가서 인도가 되어버렸다. 윤금이 씨의 마지막 거처였던 그 방은 지금의 보도블록 위였지만, 거기에는 아무런 표시도 없다.

미군이 저지른 끔찍한 범죄 중 가장 많은 이들이 분노해서 싸웠던 1992년 10월 28일 사건을 기억한다. 다른 기지촌 여성들처럼 성착취를 당하고, 미군에 배신당하고, 유산도 여러 번 겪었던 여성. 그는 마클 이병이라는 미군과 만나서 이 방으로 들어왔고, 그리

보산동 외국인관광특구에는 영어 간판이 많다(위).
한미우호의 광장 앞, 윤금이 씨가 살해된 곳인데, 지금은 아무런 표시가 없다(아래).

고 참혹하게 살해당했다. 난자당하고 유린당한 그의 시신에 가루비누까지 뿌렸던 그 소름 끼치는 사진의 주인공이 윤금이 씨다. 다행히 이름을 밝히지 않은 누군가가 범인인 케네스 마클을 잡아서 경찰에 넘겼고 그는 아주 드물게 한국 법정에서 15년 형을 선고받아서 복역하다가 2006년 8월에 가석방으로 출소했다.

이 사건이 알려지자 당시의 사회운동세력들이 대거 합세했다. 학생운동과 사회운동의 주류였던 NL계는 제국주의 미국과 식민지 한국을 대비시키고, 윤금이 씨를 '순결한 조국의 딸'로 규정했다. 그 싸움은 오래갔는데 그 과정에서 기지촌 여성들의 인권을 위한 싸움을 벌여왔던 주체들은 소외되었다. 민족주의적 관점이 부각되고 그들의 동원력에 운동이 의존하게 될수록 여성 인권이란 관점은 희미해졌다.

최희신 씨가 설명하는 중에 주차장 쪽에서 한 중년 남성이 우리 일행을 뚫어지게 쳐다본다. 이곳 주민인 그의 시선은 못마땅하다. "윤금이만 죽은 줄 아냐. 윤금이도 그중 하나일 뿐이야." 그는 우리 일행에게 이런 말을 던졌다. 이 말은 윤금이를 기억하자는 움직임에 대한 노골적인 반감이다. 그렇잖아도 먹고살기 힘든데 자꾸 '안 좋은 사건'을 들먹이지 말라는, 주민들의 생존권적 요구라고 봐야 할까? 동두천의 경제는 성착취당하는 여성들의 희생 위에 지금도 영위되고 있는 것일까? 최희신 씨는 종종 이런 주민들의 반발에 부딪힌다. "너희들이 알면 얼마나 안다고 떠들고 다니냐"는 힐난과 거부감을 견뎌내야 하는 것이다.

전국의 미군 기지촌에 위안부로 들어오는 경로는 여럿이지만 인신매매를 당해서 들어오는 경우가 절반은 넘었다고 한다. 보산동만이 아니라 기지촌 여성들의 상황은 1990년대까지 별로 변하지 않았다. 월급 얼마를 주고 숙식도 해결해준다는 말에 직업소개소를 찾아가면 이곳으로 넘긴다. 돈 한 푼 없이 팔려와서는 곧바로 강간을 당한다. 심지어는 교복 입은 여학생도 길거리에서 납치해서 위안부로 만든 경우도 있었다. 어디고 호소할 데도 없다. 어떻게 해서 탈출하고 경찰을 찾아가면 다시 포주에게 넘긴다. 그렇게 다시 잡혀오면 엄청 두들겨 맞는다. 그러고 나서도 다시 몸을 팔아야 한다. 위안부 여성들은 이곳에서 매일 다섯 번에서 열 번까지 성매매를 해야 했다. 그래야 몸이라도 보전할 수 있었다. 도저히 이해할 수 없는 방식의 빚은 눈덩이처럼 불어만 가고, 그 빚은 죽을 때까지도 갚을 수 없다. 김정자 씨는 보산동에서의 삶에 대해서 이렇게 이야기한다.

언니들보러 왜 그때 돈 못 벌었냐구? 돈 벌을 데가 어딨어? 돈 벌을 데가? 어? 다 가로챘는데! 돈 못 벌면은 못 번다고 두들겨 맞고, 옷도 비싼 걸로 갖다가 앵겨주고, 그게 비싼 게 아니구 싸구려 갖다가 앵겨주면서 비싸다 그러는 거여. 알아도 우리는 힘이 없어. 우리는… 가진 것도 없고…. 대여섯 명이 한 언니 병신 만드는 거 누워서 떡 먹기야. 거기에서 그냥 매독 걸려서 쫓겨나는 언니들도 있고…. 옛날에 매독이 제일 컸었거덩. 옛날엔 매독 걸리면 그냥 죽어, 그냥 썩어들어가니까. 그다음에 (생긴 게) 에이즈. 매독은 썩어 들어가서 매독 걸렸다고 그러면 그냥 버렸어. 주인이 내쫓았어. 그 사람 그냥 나가서 죽는 거야, 다 썩어갖고.

김정자, 『미군 위안부 기지촌의 숨겨진 진실』, 한울아카데미, 2020, 137쪽.

보산동에는 미군 위안부 여성들의 단물을 빼먹던 클럽 업주들과 포주들, 거기에 빌붙어 잇속을 챙기던 주변 상인 등이 결집되어 있었다. 그런데 그런 잔인한 착취와 폭력을 용인해준 것이 정부였다. 국가안보와 경제를 살리는 역군이라고 추켜세우면서 그들에게 미군을 잘 대하는 방법을 교육하기까지 했던 정부의 미군 위안부 정책은 1990년대까지 이어졌다.

그리고 고맙습니다, 더 잘 부탁드립니다. 이래. 그러면은 (우리는) 응응, 그리고, 미군들한테 절대 욕을 하지 마십시오, 서비스를 잘 해주십시오, 그리고 (미군이) 클럽에 들어오면은 바미드링크[술 사주세요(Buy me drink)]! 바미드링크! 이렇게 자주 해라, 이거야. 술 사달라 그러면 달러가 나오지 않냐, 이거지. 그래야지 우리나라가 번창을 한다는 거지. 그러면 아! 그런가 보다, 그러고. 우리도 부자로 살아야 하지 않습니까? 이렇게 얘기를 해. 그러면 어! 우리나라가 부자로 살려면은 우리가 부지런히 벌어야겠구나! 이렇게 인식이 백히는 거지.

앞의 책, 161쪽.

안내판 하나 없는 윤금이 씨 살해 사건 현장을 쓸쓸하게 보고 난 다음 우리는 햄버거, 스테이크, 랍스터, 패밀리 레스토랑 등의 간판들이 걸린 거리들을 지나서 점심을 먹으러 '빅마마스 하우스'에 들어갔다. 덩치 큰 초로의 여성이 반겨준다. 김대용 씨와 최희신 씨가 단골인 식당이다. 거기서 김치찌개를 맛나게 먹었다. 무언가 보통 먹는 김치찌개와는 다른 별미라고 해야 할까.

식당주인 '빅마마'는 혼혈인이다. 동두천만이 아니라 미군 기지촌에는 혼혈인들이 많을 수밖에 없다. 점심을 다 먹고 나왔는데 최희신 씨가 근처의 한 가게를 가리킨다. 그런 곳을 하나 구해서 지역 거점으로 쓰고 싶다고 했다. 그러자 식당 주인 빅마마는 손을 절레절레 흔든다. 그 집 안에 장식이 야한 조각품들로 가득하다고 지저분한 곳이라고 한다. 빅마마는 이곳에서 나서 어린 시절을 보내고 외지에 나가 성취와 시련을 두루 겪은 뒤 다시 이곳으로 돌아왔다. 나중에라도 시간 내서 그의 인생 이야기를 듣고 싶다는 생각이 들었다.

언덕 위의 하얀 집

소요산역에서 소요산 입구로 들어가면 왼편에는 소방서가 있고, 오른편에는 음식점 거리다. 경기북부어린이박물관과 자유수호평화박물관으로 가는 도로 직전에 우측으로 들어가는 길이 소나무 등 침엽수 둔덕으로 갈라져 있다. 그 둔덕 앞 공터에 품바 공연장이 있다. 간이의자가 수십 개 깔려 있어서 여기서 막걸리라도 마시면서 흥겨운 시간을 보냈을 것 같은 분위기다. 그 공연장 바로 뒤로 칡넝

'몽키하우스'라 불리던 양주군 성병관리소. 이제는 폐허가 되어 몇몇 청소년들이 들어와 몰래 술을 마시는 곳이 되었다 한다.

쿨이 뒤덮은 건물이 보인다. 몽키하우스. '원숭이'가 사는, 아니 살았던 집이다.

여전히 폐허 그대로다. 2층짜리 시멘트 건물은 황량하기 그지없다. 문과 창문들은 모두 깨지고 부서져 있다. 세월이 남긴 상처다. 건물 앞의 텃밭 주변에는 철조망이 둘러쳐져 있다. 이곳에 살았던 '원숭이'들이 자유롭지 못한 처지에 있었음을 알려준다. 하지만

이 건물에 살았던, 아니 잠시 머물렀던 이들은 원숭이가 아니었다. 사람들, 기지촌 여성들이었다. 동두천 기지촌의 미군 위안부들은 지금의 동두천중앙역 근처 노인복지관 자리에 있던 성병진료소에서 성병검사를 받아야 했다. 한때 주 2회 성병진료를 받고 진료증을 달아야만 영업을 할 수 있었다. 낙검자(검사해서 성병이 있어서 검사를 통과하지 못한 여성)들은 이곳으로 보내졌다. 또 '토벌'을 당해서 보내지는 경우도 많았다고 한다. '토벌'은 미군 헌병과 한국 경찰과 보건소, 자치회에서 합동으로 단속하는 것을 말하는데, 정기적으로는 월 2회씩 벌이기도 했지만, 미군 중에 성병에 걸린 병사가 생기면 불시에 실시하는 경우도 있었다.

몽키하우스의 정식명칭은 '양주군 성병관리소'였다. 1971년 기지촌 정화사업이 실시되고 그 일환으로 1973년 이곳에 세워진 2층 건물이다. 건물이 하얬고, 지금과는 달리 이곳은 산 밑에 과수원과 밭만 있던 곳이어서 '언덕 위의 하얀 집'으로 불렸다. 그 기능을 따서 '낙검자수용소'로도 불렸다. 1996년 3월에 폐쇄되었다고 하는데 2020년에 갔을 때는 온갖 쓰레기들이 공간마다 가득했고, 벽에는 공포 체험을 하는 유튜버들의 볼썽사나운 낙서들이 눈살을 찌푸리게 했다. 쓰레기 썩는 퀴퀴한 냄새가 코를 찔렀다. 그 뒤에 동두천역사문화연구회에서 쓰레기들을 다 치우고 청소를 말끔하게 해놓았다고 한다.

23년간 유지되었던 성병관리소의 건물 1층 맨 왼쪽에는 매점이 있었고, 출입구 오른쪽으로는 진료소와 사무실이 있었다. 수용되었던 이들과의 면회는 이곳 철문을 사이에 두고 이루어졌다. 2층은 수용소인데, 이곳에 잡혀오면 속옷도, 숟가락도, 치약과 칫솔도 없었다. 덮을 것도 마땅치 않아서 밖의 업소에서 넣어주어야 했다. 2층 수용소의 방은 밖에서 잠그는 문이 달려 있고 창문마다 쇠창살이 질러져 있으니, 그 안에서 감금생활을 해야 했다. 답답하면 관리자에게 말해서 옥상에 올라갈 수 있었는데, 그때 이곳을 탈출하려던 사람들이 옥상에서 뛰어내리다가 부상을 당하거나 천만다행으로 옆의 과수원에 숨었다가 탈출에 성공하기도 했다. 물론 죽는 경우도 있었다. 이곳을 탈출하다 죽은 여성들을 추모하기 위해, 남아 있는 여성들은 창문에다 휴지를 내걸었다고 한다.

기지촌의 미군 위안부들에게 이곳은 공포 그 자체였다. 김정자 씨는 1982년경에 이곳에 끌려왔던 경험을 말한다.

정: 그런 식이야. 걸루 끌려가면 거기서 인제 놔주지, 주사를, 페니실린 맞고 죽는 사람도 있구, 부작용[페니실린 쇼크(penicillin shock): 페니실린 주사로 인한 심한 이상 반응. 귀울림, 호흡곤란, 발한 따위가 일어나며 죽기도 한다]이 나서. (주사를 맞고 나면) 걸음을 못 걸어. 이 다리가 끊어지는 것 같애. 그걸 이틀에 한 번씩 맞춰줘. 그런데 그거를 맞은 사람은 다른 주사가 안 받아. 젤 쎈 거라, 페니실린이, 부작용이 나서 죽지. (팔뚝) 요런 데 테스트 하잖어? 부작용이 이렇게 부풀어 오르잖아? 그런데도 그거를 이만큼을 맞으니까 죽더라구. 맞았는데 한두 시간 됐어. 우린 두 시간 됐으니까 괜찮겠지… 아니 변소에서 쭈그리고 앉아서 죽은 사람도 있었는데? 그러니까 그것만 맞는다 하면 덜덜 떨었지. 그

창문마다 쇠창살로 막혀 있는 몽키하우스 숙소.

걸 누가 가지고 오냐. 미군들이 가지고 와. 부대에서 그거 맞는
거지. 기도 안 차. 쯧!

앞의 책, 246쪽.

　　미군을 위해서 만들어진 기지촌, 그리고 그곳을 유지하는 데
필수요소였던 여성들, 그들이 미군 위안부들이었다. 위안부라는 명
칭은 1970년대까지 정부의 공식 문서에서 그대로 확인된다. 일본
군 위안부로 쓰이던 말이 해방 뒤에 미군 위안부로도 쓰였고, 유엔
군 위안부로도 쓰였다. 한국전쟁부터 직후까지는 한국군 위안부도
있었다. 그러니까 일제만이 위안부 제도를 운영한 게 아니었다. 일
제 때 일본군 위안부는 일본군을 위해서 존재했듯이 미군 위안부는

미군들의 '위안'만을 위해서 존재했다. 미군들의 안전한 섹스를 위해서는 이 여성들은 안전하게 몸을 관리해야 했다.

이곳 성병관리소를 '몽키하우스'로 부른 건 미군들이었다. 자신들이 성적 만족을 위해서 데리고 놀던 여자들이 원숭이처럼 우리에 갇혔다고 놀린 것이다. 미군 위안부들이 가장 싫어했던 곳이 이곳이라고 한다. 페니실린을 맞고 죽는 경우도 종종 있었기에 의사들이 페니실린 주사를 놓기를 꺼려하자 정부 당국이 나서서 의사들의 면책을 추진한다. 정부가 봐줄 테니 죽든 말든 페니실린 주사를 놓도록 했고, 그 주사가 여성의 몸에 얼마나 안 좋은지를 잘 아는 의사들은 정부를 믿고 주사를 놓았다. 이곳의 미군 위안부들은 이 나라의 국민이라는 테두리에서 배제되었다.

이곳이 공포의 대상이었던 것은 단지 페니실린 쇼크 때문만은 아니었다. 이곳에 갇혀 있는 동안에도 빚이 늘어만 갔다. 포주들은 위안부들이 갇혔다고 빚을 탕감해주지 않았다. 하루라도 빨리 나가서 일을 해야 하는 여성들과, 하루라도 빨리 이들을 빼와서 일을 시켜야 한다는 포주들은 어쨌든 뜻이 맞았다고도 할 수 있다.

이곳은 양주군의 건물이었다가 나중에 동두천시로 편입돼서 지금은 동두천시 건물이다. 재단법인 신흥학원과의 재산 분쟁 때문에 이러지도 저러지도 못하던 와중에 이 건물을 허물자는 여론이 있었지만, 지금은 다행히 이곳을 보존하기로 했다고 한다. 그런데 건물 상태는 위태롭기만 하다. 언제 허물어질지도 모를 지경이다.

이름 없는 무덤들

동두천에서 양주로 넘어가는 길이 상패로다. 동두천 시내에서 신천교를 건너서 상패로를 따라가다보면 시민회관 삼거리가 나오고, 시민회관 건너편에 동성교회라는 규모가 큰 교회가 하나 나온다. 그 옆은 용도를 잘 모르겠는 운동장이 있다. 운동장을 가로질러서 산 쪽으로 넘어가면 조그만 밭들이 보이고 거길 넘어가면 지도상에 상패로65번길로 표시된 작은 도로가 나온다.

지금은 폐쇄된 공동묘지라는 안내판 앞의 짧은 다리를 건너자마자 낮은 무덤들이 다닥다닥 붙어 있다. 조금이라도 봉긋 올라온 것들은 거의 다 무덤으로 보인다. 작은 무덤들은 어린아이의 무덤일까 하고 생각했는데 안내자가 그것들도 기지촌 여성의 무덤일 가능성이 높다고 했다.

마을의 공동묘지이다보니 시멘트를 서툴게 찍어서 아마도 손가락으로 글씨를 쓴 것 같은 묘비들도 더러 있지만, 대체로 누구의 묘라는 비석 하나 없다. 작은 골짜기를 따라 산으로 오르는 주변의 구석구석마다 무덤들이다. 무덤 쓸 땅이 없어서 비탈진 곳에 관을 세워서 쓰기까지 했다고 하니 얼마나 열악한 조건이었을까 짐작이 간다.

자연사하는 기지촌의 여성들은 거의 없다. 병이나 마약, 미군 범죄 등으로 죽는 경우가 대부분이었다. 이들의 장례는 가족들이 치르는 일이 거의 없으므로 기지촌의 '민들레회'가 주관하고는 했다. 민들레회란 전국의 기지촌 여성들이 지역별로 만든 자조모임

중 하나로, 동두천 지역 모임을 가리킨다. 기지촌 여성들이 상여를 메고 한때 동료였던 여성을 묻으러 갔다. 자신들의 서러운 인생을 생각하며 술 마시고 펑펑 울기도 하는 날이었다. 특히 미군범죄로 죽은 여성의 장례가 치러질 때면 온 시내가 조용해졌다고 하는데, 기지촌 여성들은 흰 꽃으로 상여를 수놓고 그 상여를 메고 미군기지 앞에서 시위를 하기도 했다. 그런 다음에 신천교를 건너 상패동으로 향했다. 상여를 따르던 다른 사람들은 신천교를 건너지 못하게 했다고 했다. 상패동 묘지까지 갈 수 있는 남성은 '김성수'라는 분이 유일했다고 한다.

"김성수 씨는 이발관 아저씨였는데 기지촌 여성들의 주검을 염하고 장례를 치르는 일을 도맡아서 해주었다고 해요. 아마도 그분은 상패동 묘지에서 일어난 일을 기억하고 있을 것 같아요."

안내를 맡은 최희신 씨가 전해주는 말이었다. 동두천역사문화연구회가 작업한 책에서는 2007년도의 기록을 인용하고 있다. 그에 따르면, 일제 강점기인 1930년대부터 형성되기 시작해서, 확인된 묘는 1,003기이고, "이 중 묘적부에 기록된 묘는 610기, 나머지 393기는 무연고묘이다. 비율로는 대략 40%이다. 묘적부에 기록된 610기의 묘 중에도 사망연도 추정이 불가능한 묘는 42%다." 그러니까 여기에 무덤으로 확인되는 1,003기 중에 대체로 67% 정도의 묘가 무연고일 가능성이 높다는 것이다. 그리고 "묘적부에 기록된 망자의 사망연대를 확인해보면, 사망연도가 확인된 묘 347기 중 약 80%가 60년대와 70년대에 안장되었음을 확인할 수 있다." 주로 1960, 1970년대에 무연고 묘지가 많을 것으로 추정하

기지촌 여성들의 무덤이 있는 상패동 공동묘지 입구에는 지금은 폐쇄되었다는 안내판이 서 있다(위).
수풀이 우거져 무덤에 세운 팻말만 곳곳에 보인다(아래).

는 것은 나름 의미가 있을 듯싶다. 1969년 미국은 닉슨 독트린을 통해서 주한미군 철수 계획을 발표한다. 베트남전의 수렁에서 빠져나오고 싶었던 미국은 세계전략을 변경하려고 했다. 이런 발표가 나자 한국은 난리가 났다. 경제적으로 주한미군 의존도가 높았던 당시로는 어떻게든 주한미군을 붙잡아두려고 했다. 그런 대책 중의 하나로 나온 게 기지촌 정화사업이었고, 이에 따라서 성병검사를 주 2회로 늘린다. 그런데 이 시기에 동두천에 주둔했던 미군들이 베트남전에 참전했는데, 이들이 다시 동두천으로 돌아와 기지촌 여성들을 섹스 파트너로 삼는다. 그런 과정에서 전쟁 트라우마에 시달리던 병사들에 의한 사고들이 빈발했으니, 기지촌 위안부들이 이때 가장 많이 희생되어 상여를 메고 미군 부대로 가서 항의 시위하는 일이 많았다는 사실과 부합된다.

미군 기지촌에 대한 연구를 한 이나영 교수는 2019년에 열린 군대를위한시민연대의 기획강좌에서 당시의 상황을 다음과 같이 설명했다. "마약이나 전쟁 때문에 겪은 트라우마로 인해서 진짜 폭력이 심각하게 증가합니다. 근데 미군이 그걸 누구한테 풀겠어요. 여성들한테 풀죠. 그래서 많이 맞아 죽습니다. 아가씨가 죽었다고 장례식 치러야 된다고 상여를 메고 군부대 앞에 가서 데모하고 드러눕고 한 시기가 다 이때입니다. 제일 기록이 많이 남아 있는 시기예요. 그러니까 흑인 병사와 백인 병사 간의 싸움, 미군 병사와 한국 민간인과의 싸움, 이런 게 끊임없이 문제가 되니까 미군의 입장에서 골치가 아프다고 하니 한국 정부가 해결한다고 하는 거죠."

낮은 야산이지만 산 입구에서부터 산 정상까지 무덤들이 이어진다. 그 무덤들마다 몇 년 전 동두천시가 조사할 때 번호를 매겼던 팻말이 여기저기 쓰러져 있었다. 이제라도 이곳에 대한 조사가 제대로 이루어져야 하지 않을까? 한때 외화를 벌어들이는 애국자라고 추켜세웠던 국가라면, 최소한 이곳에 묻힌 이들이 누구였는지, 무슨 일로 무연고자로 묻혀야 했는지를 알려는 노력이라도 해야 하는 것은 아닐까?

'언니들'의 승소를 기원하며

이 글을 쓰면서 알게 된 사실이 하나 있다. 2014년 6월 25일 미군 기지촌 위안부 여성 122명이 국가를 상대로 1천만 원씩을 배상하라며 소장을 서울중앙지법에 제출했다. "국가의 ① 기지촌 조성과 운영·관리, ② 불법행위 단속 면제와 불법행위 방치, ③ 조직적·폭력적 성병 관리, ④ 애국교육 등을 통한 성매매 정당화 조장. 이 항목들에 대한 사실인정, 사죄, 진상 규명, 법적 배상을 하라"는 재판이었다.

　이 재판에 대해서 2017년 1심 재판부는 원고인 위안부 피해 여성 57명에 대한 감금죄를 인정하는 판결을 내렸다. 일부 승소한 것으로 "77년에 성병관리법이 완전히 정비되는데 그전에 있었던 성병감염인의 격리수용에 대해서만 책임을 인정"한 것이다. 부분적인 승소였지만, "국가가 강제적으로 성병을 관리했고 감금했고 격리수용했다는 것을 인정한 것"이고 이런 문제에 대한 공소시

효가 없다는 판결을 이끌어낸 것은 대단한 성과였다. 2심 판결은 2018년 2월에 선고가 났는데 여기서는 재판부가 한 걸음 더 진전된 판결을 내렸다. "기지촌 운영, 관리에 국가가 관여했음을 최초로 인정한 것, 또 여성들이 어떤 상태로 갔느냐가 중요하지 않고 심대한 인권침해에 대해 국가가 책임져야 한다는 것"이었고, 피해 당사자들의 증언을 입증자료로 인정해서 채택한 점, '인신매매 방지 등에 관한 국제인권규약' 등 국제적인 인권 가치를 확인한 점은 상당한 의미가 있는 판결이었다.

　　인권운동은 말할 것도 없고, 여성운동 내에서도 가장 열악한 운동이 기지촌 여성 위안부들과 함께하는 운동이다. 한국교회여성연합회가 1970년대 '기생관광 반대운동'을 주도한 뒤에 기지촌에서는 1986년 의정부 뺏벌(배밭이라는 뜻인데 한번 빠지면 빠져나올 수 없는 곳이란 의미로 기지촌 여성들은 기억한다)에 '두레방'이 세워졌고, 1996년에는 동두천 리틀시카고에 '새움터'가 설립되어 활동을 시작했다. 2002년에는 평택 안정리에 '햇살사회복지회'가 만들어져서 미군 위안부 당사자들의 인권 회복을 위한 일을 하고 있다. 2012년에는 여성단체들이 '기지촌여성인권연대'를 결성해 활동하고 있다. 동두천 지역에서는 동두천역사문화연구회가 동두천의 역사를 환기시키는 역할을 한다. 이들은 역사 자료를 수집하고 온라인 자료관을 만드는 작업도 하고, 동두천을 돌아보는 답사길도 개발하고 있다. 동두천을 통해서 한국현대사를 들여다보고 같이 열어가는 평화의 길을 모색하는 움직임을 이어가고 있는 것이다. 이런 단체들의 활동으로 피해 당사자인 여성들이 스스로 말을

하기 시작했고, 김연자 씨, 김정자 씨와 같은 미군 위안부 당사자들
이 활동가로 등장했다. 이런 과정을 거쳐서 드디어 국가를 상대로
한 재판까지 갈 수 있었다.

이제 대법원이 대답할 차례다. 1심과 2심이 확인한 국가의 불
법성과 국가의 인권침해에 대해서 분명하게 법적 판단을 내려야 할
때가 되었다. 김수정 변호사가 지은 책 『아주 오래된 유죄』에서 재
판 과정에서 증언한 '박 언니'의 말을 들어보자. '박 언니'는 "1975
년 열다섯 어린 나이에 시골에서 상경하여 일자리를 구하러 찾아간
직업소개소에서 기지촌으로 팔려 갔고, 미군이 빚을 갚아준 마흔
살까지 미군 위안부로 살았다."

꼭 말하고 싶은 게 있습니다. 우리는 태어난 이 나라에서 버려졌
습니다. 우리나라가 개입하여 만든 기지촌, 거기서 우리는 폭력
과 갈취, 이용만 당했습니다. (중략) 국가는 기지촌으로 들어가게
만든 직업소개소와 포주들을 다 묵인해주었습니다. 몸을 버렸으
면 돈이라도 벌었어야지 돈 버는 사람은 하나도 없고 포주들만
상상 이상의 돈을 벌었고, 그런 구조를 만든 나라가 우리를 이용
만 해 먹고 버린 것입니다.

사람들은 우리가 그곳에 갔다고 합니다. 빚은 돈을 벌수록 더 올
랐고 10대임에도 불구하고 아무도 도와주는 어른은 없었습니다.
억울합니다. 옛날에 박정희가 경제개발했다고 하지만 우리가 애
국가 소리 들으면서 달러 엄청 벌어들인 거예요. 우리나라는 미

성년자라고 집에 보내는 것도 없고 나라에서 다 버린 거잖아요. 그럼 책임을 져야죠, 달러 누가 다 벌었는데요. 아가씨들이 다 벌어들인 건데, 아파 죽어가도 의사 하나 안 보내고 오로지 성병 검진만 했습니다. 성병 검진을 미군을 위해서, 미군 요청에 의해서 해준 것이지 우리를 위해서 해준 것은 아니잖아요. 나라의 무관심에 우리의 몸은 병들고 돈도 못 벌고 이용만 당했습니다. 그러니까 나라가 책임을 져야죠. 이 말을 하고 싶었습니다.

김수정, 『아주 오래된 유죄』, 한겨레출판, 2020, 208~209쪽.

지금까지 누적된 미군 위안부의 수는 약 30만 명으로 추정된다. 그 여성들에게, 저 박 언니의 말에 이제 대한민국은 어떤 대답을 할 수 있을까? 대한민국이 선진국 대열에 들어서기까지 수많은 인권침해가 있었고, 그중에 많은 부분들이 드러났고, 때로는 국가의 범죄가 인정되어 국가의 사과가 있었다. 그런데 미군 위안부 문제도 그럴 수 있을까?

어쩌면 지금의 여성들에 대한 혐오와 차별은 대한민국이라는 국가가 국가권력을 동원해서 만들어낸 문화에 기인한 것일 수도 있다. 미군 위안부 문제를 부인만 할 것이 아니라 이제라도 국가가 나서서 그 전모를 조사하고, 그에 따른 사과와 책임 있는 배상을 해야 한다. 잘못된 과거를 바로잡는 일, 그것은 여성들에게 가해진 폭력의 역사를 지우겠다는 단호한 의지를 보여주는 것으로 시작할 수 있다.

미군 부대 옆 작은 마을

동두천시의 대표적인 기지촌이 보산동이지만, 광암동에도 미군 기지촌이 있다. 동두천시의 지명이 된 '동두천'의 상류지역에 위치한 곳이다. 오른쪽으로 동두천을 끼고 광암로17번길을 따라가다보면 턱거리마을이 나온다. 그 길의 끝은 캠프 호비 정문이다. 그 정문의 동두천 건너편에는 예전만큼의 활발한 기지촌 풍경은 없지만, 옛날 번화했던 시기의 마을 모습은 만날 수 있다.

마을 입구에 턱거리마을박물관이 있다. 이 건물은 미군을 상대로 술을 팔던 클럽 '황금스톨'이었다. 2008년 이후에는 '샹제리에'라는 카페로 바뀌었다가 이후에는 빈집이 된 것을 경기문화재단 등의 후원과 집주인의 협조로 옛날 기지촌 클럽의 외관으로 복원했고 2019년에 마을박물관으로 개관했다. 외면하고 싶은 과거를 부정하기만 하는 게 아니라 현실에서 재현해서 기억하고 새롭게 해석하려는 노력일 것이다. 큰 홀과 작은 홀로 나뉘어 있는 그곳에서 전시도 하고, 마을 사람들의 모임도 갖는다.

턱거리마을박물관 뒤에 있는 언덕을 올라가서 보면 캠프 호비 내부가 훤히 내려다보인다. 예전에는 그곳에서 전차며 트럭 들이 서 있던 모습을 볼 수 있었다. 도로 양옆으로 건물들이 늘어서 있는 것도 보인다. 주말이면 보산동에서처럼 이곳 정문으로 미군들이 엄청 쏟아져 나와서 도로를 완전히 메우고는 했다고 한다. 그곳의 경제는 미군 중심이었다. 미군들이 쓰는 물품을 빼내와서 장사를 하고, 미군들을 상대로 옷가게도 하고, 음식도 팔았다. 그중에서

기지촌 클럽의 모습으로 복원된 턱거리마을박물관(위).
레이놀드라는 미군 병사가 세운 박순자의 묘. '순자'는 기지촌 여성을 대표하는 이름이 되어 '순자문화제'
가 열린다(아래).

미군을 상대로 하는 위안부들이 가장 큰 비중을 차지했다. 물론 여기서도 여성들은 폭력과 착취의 대상이었다. 하지만 이곳 턱거리마을은 캠프 호비에 주둔하던 미군들이 빠져나가기 시작한 1980년대부터 쇠락하기 시작했다. 그때의 클럽과 양장점과 당구장과 술집 등의 간판들이 아직도 눈에 띄지만 영업을 유지하는 곳은 드물다. 거리는 활기를 잃어버렸다.

턱거리마을에는 '순자의 묘'가 있다. 캠프 호비가 내려다보이는 마을 뒤편 낮은 언덕에 그의 묘가 있고, 그를 사랑했던 미군 병사 레이놀드가 세운 화강암 비석이 있다. 고인이 된 박순자를 그리워하는 말을 새긴 것으로 보이는데 오석이 아닌 화강암이라서 글씨가 잘 보이지 않는다. 다만 영어 문장 끝에 "박순자 가지말아주오. 1971年 2月 9日"이라고 새긴 부분은 읽을 수 있었다. 우연히 이 언덕에서 둘이 만났는데, 박순자 씨는 펍에서 일하던 여성이었다고 한다. 그를 사랑하게 된 이 병사는 그가 힘든 일에서 벗어나 고향으로 돌아가기를 바랐고, 그를 위해서 돈을 모으기도 했다고 한다. 그러던 중에 교통사고로 박순자 씨가 갑자기 세상을 떠나게 되자 사랑의 마음을 적어서 묘비를 세웠다.

그러던 중에 2021년 가을에 그 무덤을 찾아갔을 때 묘가 변해 있어서 놀랐다. 낮은 봉분을 헐어서 평탄하게 다듬고 돌을 덮었다. 화강암 비석은 그대로였지만 아랫부분이 흙으로 덮여서 비석에 적힌 글도 일부가 가려졌다. 아직 작업이 채 끝나지도 않은 상태였는데, 누군가 와서 산소에 손을 댔음이 분명하다. 동네 사람들도 누가 다녀갔는지를 모른다고 했다. 누가 무슨 이유로 그런 것일까?

아직도 그를 기억하는 누군가가 있다면 좋은 일이겠지만, 왜 동네 사람들도 모르게 한 것인지 궁금했다.

턱거리마을에는 미군 위안부였던 순자라는 이름의 나이 든 여성이 있다고 한다. 『동두천을 찾고, 잇다.』에 따르면, 턱거리마을에서는 "당시 기지촌을 일구며 살았던 여성들이 모두 '순자'였다는 인식을 갖게 되었다." 그래서 '순자문화제'를 2020년부터 열고 있다. "오늘이 있기까지 한반도에서 일어난 격변의 역사, 즉 식민지와 전쟁, 분단과 치열한 경제성장의 역사 속에서 '순자'라는 여성들이 처했던 현실은 오늘의 한국 사회를 형성하는 데 밑거름이 되었던 수많은 헌신과 희생의 흔적들을 대변한다"는 것이 그 취지다.

턱거리마을박물관을 방문했을 때 거기서 꽃상여를 볼 수 있었다. 상여 위에 흰색 종이꽃을 붙이는 작업 중이었다. 미군 위안부의 장례 때 쓰던 꽃상여를 재현해서 순자문화제 때 쓰기 위한 것이라고 했다. 기지촌에서 억울하게 죽어간 사연 많은 여성들을 위령하기 위한 작업일 것이다. 실제 순자문화제 때 그 상여를 메고 예전처럼 마을 곳곳을 돌았다고 한다.

턱거리마을박물관 앞은 동두천의 상류다. 어둥산과 소요산에서 흘러온 물이 내를 이루어 흘러서 미군기지로 들어간다. 미군기지 때문에 동두천의 자취는 볼 수 없다가 하류에서 캠프 모빌 옆을 흐르는 모습으로 나타난다. 한 도시의 지명까지 된 동두천, 맑은 물이 흐르는 이곳에서 미군들의 빨래를 해서 생계를 이어갔던 이들도 있었다. 이래저래 미군기지에 삶을 대고 살았던 그곳의 기억을 되살리기 위한 노력이 어떻게 이어질지 사뭇 궁금하다.

마을과 미군기지 사이로, 이 복잡한 도시의 이름이 된 맑은 동두천이 흐른다.

동두천에는 어두운 역사만 있는 것은 아니다. 우리가 보아온 미군들의 클럽들은 미국의 문화가 직수입되던 곳이었다. 그곳에서 연주했던 밴드들은 이후 대중음악에 중요한 이정표를 만들고는 했다. 이제는 다국적의 삶이 공존하는 곳이 동두천이다. 고통스러운 과거를 딛고 인종과 피부색과 국적을 넘어서 다양한 이들이 다양한 문화를 꽃피우는 도시로 거듭날 수 있을지, 동두천은 그런 시험을 하고 있는 것인지도 모른다.

광주대단지 사건과
용산참사 현장 그리고 백사마을

고층
아파트가
들어선
자리

서울의 판잣집에서 살던 사람들

자전거 타기에 재미를 붙이고는 주말마다 자전거를 끌고 한강으로 나간다. 집이 부천 끄트머리에 있어서 역곡천과 목감천을 지나 고척교에서부터 안양천을 따라서 내려가야 한강과 만나게 된다. 안양천 양쪽으로 고층 빌딩들이 들어서 있는 게 눈에 띈다. 서울 어디를 가도 볼 수 있는 흔한 풍경이다. 그런데 그곳을 지날 때마다 불현듯 떠오르는 장면이 있다. 어릴 적 시골에 살 때 서울서 사는 외삼촌댁에 놀러 간 적이 있다. 몇 시간 버스를 타고 간 그 집은 지금의 고척동이고 구일역 아래였을 것이다. 안양천 근처 조금 언덕진 곳이었던 듯하다. 안양천에는 시커먼 물이 흐르고 있었다. 썩는 냄새가 진동했다. 서울의 천은 모두 그런 줄 알았다. 그래도 겨울이면 얼어붙은 안양천에서 썰매를 탔다. 시골에 살던 나는 그곳에서 판잣집도 처음 보았다. 외삼촌댁은 판잣집이 아니었지만 천변에 다닥다닥 붙어 있던 집들이 기억난다. 골목도 비좁고, 집마다 지붕이 맞닿아 있어서 옆집에서 뭐 하는지를 알 수밖에 없을 것 같았다.

이제 안양천변 그 자리에는 고층 빌딩들, 고층 아파트들이 즐

비하다. 지금의 안양천은 검은 물이 아니고, 냄새도 나지 않는다. 흐르는 맑은 물에는 잉어들이 무리를 지어 다니는 게 보일 정도다. 구청에서 관리하는 안양천변에는 정원도 있고 곳곳에 시민들을 위한 쉼터도 있다. 보행자 산책로와 자전거 길도 잘 닦여 있다. 한강도 달라졌다. 1960년대와 1970년대, 1980년대까지도 보이던 풍경이 아니다. 강변에 길게 늘어섰던 판잣집은 모두 사라졌다. 겉보기에는 잘 정비된 한강이다. 강이 반듯반듯한 게 문제라는 걸 나중에야 알았지만, 예전의 허름한 모습보다는 낫다는 생각을 오랫동안 했던 것 같다.

얼마 전에는 자전거를 타고 청계천을 다녀왔다. 한강을 타고 올라가다가 반포대교 아래 잠수교를 건너서 오른쪽으로 달리면 옥수역을 지나고, 곧 중랑천 합수부를 만난다. 용비교 아래 쉼터에서 좌회전해서 올라오면 청계천과 만나는 지점에 조선시대 다리가 있다. 살곶이다리다. 한자어로는 전곶교箭串橋. 조선 태종 때부터 만들기 시작했다가 세종을 거쳐서 성종 때 만들었다고 한다. 보물로 지정되어 있다.

예전의 이곳 살곶이다리 근처의 사진을 본 적이 있었다. 그러니까 청계천의 끝부분인 이곳에 천변을 따라서 판자촌이 늘어섰고, '개미굴'로 불리는 빈민들의 집도 있었다. 판잣집은 시멘트 벽돌로 벽을 짓고, 지붕으로 양철 합판이나 슬레이트라도 올린 것이지만, 개미굴은 그야말로 거적때기나 나무판자 등으로 대강 벽이며 지붕을 만들어놓고 비닐로 둘러놓은 집이다. 집이라고도 할 수 없을 테니 개미굴이라고 불렸나보다. 판잣집도 지을 수 없었던 빈민들이 이곳에서 살았고, 촌락을 형성했다.

　그걸 어디서 봤나 하고 찾아봤다. 일본인 노무라 모토유키野村基之 목사가 1973년부터 1976년까지 청계천 주변의 풍경을 사진으로 찍었던 걸 책으로 펴낸 『노무라 리포트』가 기억났다. 노무라 목사는 일제가 한국인에게 저질렀던 범죄에 대해서 사죄해야 한다는 입장으로, 1968년부터 한국에 들어와 빈민선교 운동을 지원했던 사람이다. 그가 어렵게 찍은 사진들 중에 그런 장면이 담겨 있었다. 그는 청계천에서 엄청난 충격을 받았다고 했다.

　그런데 사진 속에는 판잣집이나 개미굴이 최악이 아니었다. 그것마저 없는 사람들은 공사장 바닥의 틈을 찾아서 토굴을 짓고 살았다. 땅바닥과 건물 사이에 길게 설치된 에이치 빔 아래에 좁은 틈이 보이는데, 그 앞에 한 여인이 아이를 포대기로 둘러업은 채 앉아 있다. 그 아래 사진에는 여인과 아이는 보이지 않고, 한 남자가 이불 등을 틈 안으로 넣는 장면이다. 아마도 아이를 업은 여인은 이미 그 안에 들어가 있는 것 같다. 전쟁 중에 산에 토굴을 짓고 살았다는 이야기는 들었는데 공사 중인 건물에 토굴이라니.

　살곶이체육공원에서 좌회전하여 올라가면 청계천 하류에서 상류 청계광장까지 이어진다. 그곳을 계속 따라 올라가보면 정릉천이 청계천과 만나는 곳이 나온다. 고산자교 바로 위다. 정릉천교를 건너서 청계광장 방향으로 올라가다가 왼편을 바라보면 서울시설공단 건물이 보인다. 그리고 바로 옆에는 청계천박물관 건물이 길게 빛을 발한다. 멋들어진 건물이다. 전면이 색유리로 되어 있어 햇빛을 받으면 더욱 빛난다. 거기에는 서울의 역사와 함께 청계천의

청계천박물관 앞 청계천변에 판잣집을 복원해놓았지만, 아무래도 너무 단정해 보여서 옛날의 비참한 모
습을 떠올리긴 어렵다(위).
노무라 모토유키의 책과 청계천박물관에 전시된 사진들(아래).

변천사를 소개해놓고 있다. 그리고 건물 바로 앞의 청계천변에는 옛날 판잣집을 재현해놓은 '청계천 판잣집 테마존'이 있다. 쇠기둥으로 받쳐진 바닥 위에 판잣집이 올려져 있다. 나무판자로 벽을 잇고 지붕도 이었다. 그런 집이 2층으로 몇 채 연결되어 있다.

여기의 판잣집은 그래도 멋이 있고 낭만적이기까지 하다. 깨끗한 물이 흐르는 청계천에 잘 정비된 천변의 도로들, 풀까지 자라난 천변 풍경 때문에 그렇다. 그때의 쓰레기들이며, 악취가 진동하는 검은 물이 없어서일까? 무엇보다도 주변에 깨끗하게 지어진 빌딩들 때문에 당시의 분위기를 느낄 수 없다. 천변에 세워진 공중화장실 앞에서 길게 늘어섰던 줄이 없기 때문일 것이고, 공동 수도도 보이지 않기 때문일 것이다. 주위 풍경은 모두 변했는데 판잣집 몇 채 지어놓는다고 예전의 10킬로미터 청계천 천변에 길게 이어졌던 그때의 빈민촌을 상상하기는 힘들다.

서울의 인구는 1960년대에 들어서 폭발적으로 늘어났다. 1960년에 240만 명 정도였던 인구는 1970년에는 550만 명으로 늘었다고 통계는 말한다. 판잣집은 1961년에 약 8만4천 채였는데 1970년에는 19만 채까지 늘어났다고 하고, 이것도 정확한 통계는 아니라고 한다. 어림짐작으로 서울 인구의 3분의 1 정도는 빈민이었을 것으로 본다. 그들 대부분이 이런 판잣집과 개미굴 같은 곳에 살았다고 하니 서울이 지옥이라는 말이 과장은 아닐 듯하다.

노무라의 책에는 사회평론가 이태호 씨의 서문이 나온다. 그 글에서 박정희 시대의 고도 경제성장의 그늘로 빈민들이 몰려 살던 곳을 대략 네 군데로 소개한다. 첫째 "빈민촌은 입에 풀칠을 할 수 있는 기반, 즉 수공업, 일용노동, 행상, 노점, 구걸 등을 하기 좋은 서울 도심부의 큰 시장 부근에 집중돼 있었다." 대표적으로 남대문시장 근처의 남산동, 회현동, 양동, 도동, 해방촌 등이고, 청계천변과 하청공장이 밀집해 있던 창신동, 숭인동, 답십리동, 마장동 등이다. 둘째는 구로공단 인근지역이다. 그곳에서 노동자들은 '쪽방'(아주 좁은 단칸방), '벌집'(여러 사람이 함께 자취하던 좁은 방)에 몰려 살았고, 지역으로는 영등포였다. 구로공단은 가산디지털단지로 바뀌었다. 셋째 지역은 야산이나 구릉지대에 형성된 곳이었다. "수락산 줄기의 상계동, 불암산으로 오르는 중계동, 남태령 주변, 용마산을 낀 면목동, 북한산 자락의 정릉동, 하월곡동 및 구릉 또는 분지를 차지한 봉천동, 신림동, 목동, 홍은동, 홍제동, 응암동 등"이었고, 광주대단지가 그런 곳이었다. 넷째는 하천변에 포진되었던 곳으로 "안양천변의 양평동, 목동, 중랑천변의 중화동" 등을 꼽았다. 그런데 이런 빈민촌은 이제 보이지 않는다. 그곳에 살던 사람들은 어디로 갔을까? 이렇게 말끔하게 정비될 줄은 꿈에도 몰랐을, 청계천변의 판자촌과 개미굴 주민들은 모두 어디로 갔을까?

도시에서 쫓겨난 사람들: 광주대단지 사건

1968년 서울시는 경기도 광주군 중부면 350만 평 광주대단지를 철거민 정착촌으로 지정해 1969년 9월 1일부터 강제 이주를 시작하고 20평의 땅을 분양하였다. 그러나 이주민들은 기반시설이 전혀 조성되지 않고 상하수도 시설조차 없는 곳에서 천막이나 판잣집을 지어 생활해야 했다. 광주대단지는 새로 이주해오는 철거민들, 생계가 막막해 다시 서울로 돌아가는 철거민들의 분양증을 사서 들어오는 전매입주자들이 뒤섞여 1971년경에는 전체 인구가 약 14~16만 명까지 늘어나 있었다.

이런 상황에서 서울시는 비용 회수를 위해 용지 처분을 서둘렀고, 두 차례에 걸친 선거 과정에서 대단지의 투기 붐은 절정에 달하였다. 그러나 선거가 끝나자 서울시는 분양증 전매 금지와 함께 전매입자에 대해 높은 가격의 토지대금 일시상환 조치를 발표하였다.

광주대단지 사건 50주년을 앞두고 성남시가 한국학중앙연구원에 의뢰한 『성남시 광주대단지사건 학술연구 결과보고서』에서 정리한 광주대단지 사건의 배경이다.

서울시는 1969년부터 청계천의 판잣집을 철거하고 10만 명도 넘는 철거민들을 트럭에 실어서 당시 경기도 광주군, 현재의 성남시 구도심에 내려놓았다. 그들에게는 한 가구당 24인용 천막 한 개와 벽돌 200장씩이 지급되었다.

당시의 서울시장은 김현옥이었다. 해병대 대령 출신인 그는 도시개발에 대해서는 전혀 알지 못하는 문외한이었으나 1966년부터 1970년 와우아파트 붕괴사고로 물러나기까지 4년 동안 서울시장에 재직하면서 서울을 가장 크게 변모시켰다는 평가를 받는다. 그는 '불도저 시장'으로 불릴 정도로 저돌적으로 재개발 사업을 밀어붙였다. 곳곳에 있는 판자촌들을 철거하고 거기에 아파트를 대대적으로 건설했다. 그런 그에게 청계천의 판자촌은 눈엣가시 같은 존재였다. 하루아침에 청계천의 판잣집들을 부수고 그곳에 살던 사람들을 허허벌판인 경기도 광주군으로 쫓아냈다.

상하수도와 전기·통신 시설, 도로마저 제대로 없었고, 학교도 없었고, 일자리도 없어서 서울로 가려면 두 시간에 한 번씩 오는 버스를 기다려야 했고, 그래서 서울까지 걸어서 출퇴근을 했던 사람들까지 있었다. 김현옥 시장은 "10만이 모이면 그들끼리 알아서 뜯어먹고 산다"고 했다는데, 아무런 기반시설과 일자리 없이 모인 수만의 사람들은 먹고살기가 힘들었다.

2020년 11월 어느 토요일, 성남에서 오래도록 지역운동을 해온 친구 송경상과 만나기로 했다. 마침 광주대단지 사건 50주년 기념사업회장을 맡고 있는 하동근 씨가 기꺼이 안내를 하겠다며 같이 나왔다. 그는 당시 사건에도 관여했던 원주민이었다. 중원구청 앞 카페에서 만나 한 시간 넘게 광주대단지 사건에 대해서 들을 수 있었다.

"50년이 지났지만 아직도 성남 사람들은 낙인을 벗어나지 못하고 있어요. 폭도들의 도시, 성남이란 거지요. 분당이나 판교 사람들은 성남 시민이라고 하지 않아요. 분당 사람, 판교 사람이라고 하지요. 그들은 못사는 성남 사람들과 애써서 구분하려고 합니다."

외지 사람들은 성남이면 성남이지 굳이 그 안에서 구도시와 분당, 판교를 구분하지 않는데 성남에 사는 시민은 달랐다. 낙인이라는 말까지 나올 정도라니 의외였다. 성남 사람들은 '폭동을 일으

청계천박물관에 광주대단지 사건의 사진과 신문 기사가 간략한 개요와 함께 전시돼 있다.

킨 가난한 사람들'이란 낙인을 의식하고 산다는 것이었다. 성남 구도시 사람들은 광주대단지 사건 이후에 성남 산다는 말을 하지 못했다고 한다.

"분당, 판교가 발전할수록 더 그럴지도 모릅니다. 열등시민이라는 콤플렉스가 있다고나 할까요? 광주대단지 사건 때 아기를 삶아 먹었다는 이야기가 나돌던 것들을 기억하는 사람들이니까요."

그 뒤에 자료들을 뒤져보니 "아기를 삶아 먹었다"는 소문은 당시에 꽤나 많이 퍼져 있었던 것 같다. 그만큼 어려운 지경에 처해 있었다는 의미일 것이다.

그곳에 투기꾼까지 모여들어서 철거민들에게 나눠준 '딱지'(분양증)를 사고팔았다. 그런데 1971년 7월 서울시는 갑자기 분양증의 전매를 금지했고, 경기도는 가옥취득세를 일시불로 내라고 통보했으니 먹고살기도 힘든 사람들의 분노에 불을 붙였다. 워낙 사정이 열악하다보니 분양증을 팔아서 떠나려는 사람들도, 투기 목적으로 분양증을 사려던 사람들도 분양증 전매 금지는 받아들이기 어려웠다. 또, 금액이 얼마가 되든 가옥취득세 자체가 버거운 사람들인데 그걸 나눠서 내지 말고 한 번에 내라는 것도 가혹한 일이었다.

대책위원회를 구성하고 적극적으로 문제 해결에 나선 이들은 성남제일교회의 전성천 목사와 유지들이었다. 서울시와 협상을 하려고 했지만 1971년 8월 10일 오기로 했던 서울시장이 오지 않는다는 소식을 들은 주민들은 한국전쟁 이후 최초의 폭동을 일으켰다. 평소 정치인들이 주민들에게 약속을 한 것을 이행하지 않아서 진정도 하고 시위도 했는데 마지막으로 서울시장과 만나 자신들의 요구를 전달할 기회가 다시 사라졌다고 생각하자 주민들은 "또 속았다"면서 누구랄 것도 없이 시위에 나섰다. 그들은 광주대단지 출장소, 성남 출장소를 점거하고 태평고개를 넘어서 지금의 복정역 부근으로 진출했다. 비가 오는 중에도 5만 명으로 불어난 군중은 경찰버스도 전복시키고 불을 냈다. 그만큼 주민들의 분노는 깊고 큰 것이었다.

당시 주민들의 요구는 ① 대지가격을 평당 1,500원 이하로 인하해줄 것, ② 불하가격을 10년간 연부상환하도록 해줄 것, ③ 향후 5년간 각종 세금을 면제해줄 것, ④ 영세민 취로장 알선과 그들에 대한 구호대책을 세울 것 등이었다. 이에 대해 정부는 주민들의 요구를 대체로 수용하는 조처를 취한다. 박정희 정권을 상대로 한

전면적인 승리였다. 그런데 폭동의 성과는 대부분 전매자들에게 돌아갔다. 그날의 폭동에 책임을 물어서 구속한 이들은 대부분 영세 철거민들이었다.

　　그의 이야기를 듣다보니 점심시간이었다. 그가 잘 아는 식당에 가서 밥을 먹고 태평동 지역으로 갔다. 사실 이곳을 오기 전에 먼저 인터넷 지도를 들여다봤다. 성남은 구도시와 분당, 그리고 판교로 구분되어 있는데, 구도시에는 집들이 다닥다닥 붙어 있다. 일반 지도를 봐서는 잘 모르던 것이 스카이뷰 기능으로 보니 확연하게 드러난다. 하지만 그렇게 지도를 보더라도 실제로 구도시 지역을 가보면 마치 산을 오르는 것만 같은 가파른 경사에 기겁하게 된다. 봉국사 입구에서 차를 내려서 아래쪽으로 들어가니 전형적인 성남 주택지가 나타났다. 좁은 골목의 경사가 가파른 언덕이고, 그 주위로 빽빽한 주택들이다. 원래 광주대단지 사건 때 철거민에게는 한 가구당 20평, 세입자에겐 8평씩 땅에 선을 그어서 나누어주었다. 그게 나중에 전매가 되고 투기 대상이 되었다. 옆집을 사서 넓어진 집도 있지만 대부분 집과 집 사이의 간격은 거의 없다. 옆집에 바로 붙어서 짓고 또 짓고 한 집들이다.

　　8평짜리 집들도 남아 있다고 했지만 이곳을 잘 안다는 하동근 씨도 잘 찾지를 못했다. 거기가 거기 같고 다 비슷하기 때문일 것이다. 그가 여기로 가보자며 들어섰던 그 골목에 40년 전의 그 집이 고스란히 남아 있었다. 8평의 땅, 정말 작은 집 위에 슬레이트 지붕이 얹혀 있었다. 그런 집이 몇 군데 더 있었다. 사람이 살기에는 너무 비좁은 공간에 방도 있고 거실도 있고 화장실도 있다. 지하

성남시 태평동은 가파른 언덕으로 나 있는 좁은 골목마다 작은 집들로 빼곡히 들어차 있다.

고층 아파트가 들어선 자리 ———

실을 둔 집도 있었단다. 지금은 대체로 비어 있다. 하동근 씨가 설명한다.

"여기가 모두 산이었고 구릉이었던 곳인데, 나무를 베어내고 바닥만 좀 닦아놓고 실제로 선을 그었어요. 그리고 거기에 천막을 한 가구씩 나누어준 겁니다. 그런 천막조차 매매가 되었던 적도 있었어요. 그러다가 나중에서야 20평으로 집을 늘려서 지을 수 있게 허가해주었지요."

성남에 갈 때마다 놀라는 건 가파르고 비좁은 골목길에 사람들이 차를 잘도 주차를 한다는 사실이었다. 그 말을 하니 하동근 씨와 송경상이 이구동성으로 그런다.

"아마 성남 사람들이 전국 최고의 주차 달인일걸."

하동근 씨가 다음으로 데리고 간 곳은 신흥1동복지회관 앞이었다. 그곳에서 보니까 우리가 헤집고 다녔던 태평동 지역까지 내려다보인다. 지금의 전철역으로 말하면 8호선 남한산성역부터 모란역까지, 그리고 수인분당선 가천대역에서 모란역 사이의 지역들이 광주대단지로 획정된 곳이었다. 당시에는 경기도 광주군 중부면 지역이었고, 지금으로는 성남시 수정구와 중원구다.

2021년은 이곳에서 큰일이 일어난 지 50년이 되는 해였다. 성남시는 광주대단지 사건 50주년을 맞아 이 사건의 명칭을 '8·10 성남민권운동'으로 정하고 이를 기념하는 학술토론회와 행사 들을 진행했다. 성남시가 공식적으로 조례를 제정해서 광주대단지 사건을 민주화운동으로 품은 것이다.

수정경찰서 앞에서 태평고개를 올려다본다. 완만한 경사의 고개다. 저기만 넘으면 서울이다. 광주대단지 사건 때 버림받은 분노를 표출했던 군중이 이 고개를 넘으려고 했다. 하지만 거기에서 멈췄다. 아직도 폭동으로 기억되는 광주대단지 사건, 8·10성남민권운동은 성남이란 대도시가 형성되기까지 지대한 영향을 끼쳤다. 성남시의 뒤늦은 성찰과 평가 작업이 제대로 이어지길 바란다. 도시의 균형 발전으로 폭도들의 도시라는 그림자를 지우길 바란다. 그런 마음을 갖고 나는 태평고개를 넘어 서울로 들어왔다.

사람들을 쫓아낸 도시: 용산참사

2009년 1월 20일, 용산참사가 일어났다. 그날은 대한 추위가 몰아쳤다. 서울 용산역 건너편 남일당이라는 4층 건물 옥상에 철거민들이 1월 19일 새벽에 올라가 농성에 들어갔다. 철거민들은 망루를 짓기 시작했는데, 그때부터 용역업체에서는 연기를 피우고 물대포를 쏘면서 망루 짓는 작업을 방해했다. 경찰들은 건물 주위를 빙 둘러서 사람들의 접근을 막았다. 1월 20일 새벽 3시부터 망루에서 농성하는 철거민들을 진압하기 위해서 경찰 특공대가 움직이기 시작했다. 망루 철거민들은 경찰 특공대의 건물 진입을 막으려고 화염병과 돌 등을 던지면서 저항했다. 하지만 경찰 특공대는 한편으로는 건물 아래 계단을 통해서 밀고 올라왔고, 다른 한편으로는 크레인을 이용해 특공대원들이 들어 있는 컨테이너 박스를 옥상으로 들어올렸다. 망루를 향해서 사방에서 물대포가 잠시도 쉬지 않고 물을 퍼부어댔다.

　오전 7시 6분경, 경찰 특공대가 망루에 접근해서 망루 2층과 3층에서 철거민들을 체포하고 망루 4층만 남은 상황에서 갑자기 특공대원들이 철수했다. 1차 화재가 발생한 것이다. 망루 속의 철거민들도 진압에 나섰던 특공대원들도 기진맥진했다. 하지만 상부는 신속한 진압을 명령했고, 다시 진압작전이 시작되었다. 크레인으로 올려진 컨테이너 박스로 망루를 치자 망루가 쓰러질 듯 요동을 치기도 했다. 그때까지 망루 안에는 철거민들이 십수 명이 있었다. 그러다가 7시 20분경 갑자기 불길이 치솟았다. 불길은 걷잡을 수 없이 망루 전체를 집어삼켰다. 망루 속 철거민들은 좁은 창을 통해서 탈출했다. 철거민 한 사람은 건물 옥상 난간을 잡고 버티다가 매트리스도 없는 바닥으로 떨어졌다. 망루에서 탈출한 사람들은 살았고, 탈출하지 못한 사람들은 죽었다.

　그날 불길 속 망루에서 철거민 다섯 명과 상부의 명령에 의해 진압에 나섰던 경찰 특공대원 한 명이 죽어서 내려왔다. 철거민 여덟 명이 구속되었고, 그곳에서 떨어진 부상자들은 몇 년 동안 수십 번의 수술을 받아야 했다. 그리고 몇 년 전에는 망루에 올라갔다가 구속되었던 한 사람이 생을 마감했다. 극심한 트라우마였다. 구속자 중 한 명인 김씨는 지금도 집밖에 나오지를 못한다.

　용산역에 내려 광장으로 나와서 한강대로의 횡단보도를 건너면 용산참사가 일어났던 용산4구역 현장으로 갈 수 있다. 그곳이다. 그곳에는 센트럴파크 건물이 하늘 높은 줄 모르고 솟아 있다. 그 옆에는 다른 고층빌딩이 들어서려는지 한참 터파기 작업이 진행

중이었다. 국제빌딩 옆에 그나마 남아 있던 예전의 낮은 건물들도 모두 철거되었다. 2009년의 모습은 어디에도 하나 남아 있지 않다. 용산역 바로 앞의 집창촌이 있던 곳도 싹 밀어버리고 높은 건물이 차지하고 있다. 용산참사 이후에 이곳 풍경은 완전히 바뀌었다.

센트럴파크 오른편에 공공시설동 6층짜리 부속건물이 있다. 이 건물은 본 건물과 다리로 이어져 있다. 두 건물 사이의 공간을 따라 들어가다보면 공공시설동 건물 입구가 나오는데, 그곳이 용산도시기억전시관 출입구다. 용산도시기억전시관은 서울시가 용산참사를 기억하기 위해서 참사 현장에 만든 공간이다. 다만, 용산참사만 다룰 경우에는 주상복합아파트 건설 이후 입주자들이 불편해할 것을 고려해, 용산의 변화를 전반적으로 다루면서 그 속에 용산참사를 담아내는 방식으로 전시를 구성했다.

용산도시기억전시관은 2층으로 되어 있다. 1층은 '용산도시전시관'이고 2층은 '용산도시아카이브'다. 1층은 다시 기억방과 산책방으로 나뉜다. 조선시대부터 일제 강점기와 한국전쟁 등 굴곡진 용산의 역사를 벽면을 따라서 훑어가다보면, 파란색 옷을 입은 사내의 상을 만난다. 시멘트 벽돌 몇 장 위에 올라서 있는 사내가 옷처럼 두르고 있는 파란색 양철판은 용산참사 때 망루 지붕을 덮었던 그것이다.

여기서부터 '2009년 용산참사(기억과 성찰) 기억관'이 시작된다. '용산 기록 그리고 기억'이란 문구가 보이는 공간으로 들어가면 이제 용산참사 현장을 연상시키는 미술 작품들이 전시된 공간이다. 용산참사를 기억한다고 하는데 사건의 전개과정을 보여주는 일

건너편 공사 현장의 거대한 크레인이 비친 유리창이 용산도시기억전시관의 성격을 반영하는 듯하다.

지 같은 것이 없어서 아쉽지만, 눈에 익은 작품들을 보니 한편 반가웠다. 거기 철거민들이 있고, 문정현 신부님과 돌아가신 백기완 선생님이 있고, 거기 유가족들이 있고, 시민들과 예술인들이 있었다. 그림 속에서, 사진 속에서 그들은 여전히 그때의 현장을 지키는 모습이었다. 불길이 치솟는 망루와 그 옆의 컨테이너 박스에서 망루를 응시하는 특공대원, 그리고 망루를 막 탈출한 철거민들이 옥상 난간을 잡고 올라와서는 망연자실 그 불길을 바라보는 모습들, 그리고 355일을 버티면서 싸웠던 유가족들과 시민들의 모습들이 보인다. 머리에서 떠나지 않는 장면들이다.

불길이 치솟는 망루를 보면서 인터넷으로 현장상황을 중계하던 리포터가 울부짖었다. "망루 안에 사람이 있는데… 어떡해요, 어떡해요." 이미 불길은 사람 손으로 끌 수 없는 지경으로 번져 올랐다. 거기에다 경찰은 물대포를 집중적으로 쏘아댔지만 불길을 잡을 수 있는 상황은 아니었다. 화학소방차는 준비되어 있지 않았다. 전반적으로 진압과정에서 발생할 수도 있는 위험 상황에 대비한 어떤 것도 없었다. 안전대책은 소홀히 한 채 무리한 진압을 하다가 터진 참사였다.

천천히 그림과 사진들을 보면서 그 시기가 떠올랐다. 다른 이들은 2009년 1월 20일, '국제빌딩 제4구역'(용산4구역) 도시환경재정비 사업 지구에서 일어났던 대형화재와 참사로 기억하고 있겠지만, 나는 그 뒤에 추모대회를 주도했다는 이유로 10개월간 순천향병원과 명동성당 영안실에서 수배생활을 했고, 355일 만에 철거민들의 장례를 치른 다음에는 감옥에 갔다. 그 후에도 용산참사의 진실을 규명하고 책임자를 처벌하기 위해서 나름 노력을 했지만, 결국은 성과 없이 끝난 싸움의 중심에 서 있었다. 나는 유가족과 부상자와 구속자와 쫓겨나서 흩어진 철거민과의 어려운 관계들을 풀어나가야 하는 용산참사진상규명위원회의 집행위원장이었다.

우리가 그때 내세웠던 구호가 "여기 사람이 있다"였다. 그 구호는 지금 전시관 벽면에 선명하게 새겨져 있다. 망루 위에 올라간 철거민들을 사람으로 보았다면, 권리를 가진 사람으로 보았다면, 집을 투기의 대상으로 보는 게 아니라 사람이 살 곳으로 보았다면, 그때 진압이 아니라 구조를 했다면 용산참사는 없었을 것이란 점에 착안한 구호였다. 용산참사 이후 당시 집권여당인 새누리당에서는 철거민들을 '도심 테러범'이라며 매도했다. 그들은 어쩌다 도시환경정비구역, 재개발지역에 살게 된 평범한 시민들이었는데.

용산참사가 나자마자 청와대는 이 사태를 덮으려고 조두순 사건을 부각해서 보도하라고 언론에 지침을 내리기도 했다. 철거민들은 구속되었는데, 사람을 죽인 진압작전을 펼쳤던 경찰은 줄줄이 무혐의 처분을 받았다. 특공대를 동원한 진압작전 계획을 승인한 당시 서울경찰청장(경찰청장 내정자)인 김석기는 이후 국회의원이 되었다. 그는 한 번도 자신의 잘못을 인정하지 않았다.

우리가 주장한 진상규명은 받아들여지지 않았다. 법원의 재판은 편파적으로 진행되었다. 초기 수사기록 3천 쪽은 아예 법정에 제출되지도 않았다. 참사의 초기부터 철거민에게 모든 죄를 뒤집어씌우는 수사였고, 기소였고, 재판이었다. 분명 무리한 강제진압을 획책한 책임자가 있을 터인데 그에 대한 수사는 이루어지지 않았다. 아무리 범법행위를 한 사람이라 해도 여섯 명이나 죽었는데 아무도 책임을 지지 않았다.

그 참에 재개발 제도에 대한 논의들이 무성해졌다. 세입자들의 주거권을 인정하지 않는 현행 재개발 관련 법과 제도 들의 문제가 드러났다. 강제퇴거금지법을 만들자고 주장했지만 국회는 묵묵부답이었다. 유엔 주거권특별보고관이 방한하여 용산참사 관계자들을 만난 뒤에 최후의 수단으로만 강제퇴거가 이루어져야 한다고 권고했음에도 이 역시 묵살당했다. 가진 자 중심의 재개발, 토건세력들의 이익 중심의 법과 제도 들을 정비할 아주 중요한 계기였는데 그냥 흘려버렸다.

용산참사 이후 그 지역의 재개발은 수년 동안 멈췄다. 용산4

입을 굳게 다문 한 사내가 용산참사 때의 망루 지붕을 옷처럼 두르고 있다. 나규환, 「끝」.

구역 그 자리에는 아까시나무들이 울창한 숲을 이루기도 했고, 남일당 빌딩 자리를 비롯한 주변은 주차장으로 쓰이기도 했다. 그 모습을 볼 때마다, 이럴 거면 왜 그렇게까지 몰아쳐야 했는지를 되물을 수밖에 없었다. 성찰과 교훈의 장소로 이곳 '용산참사 기억관'을 만들었다고 설명하는데, 우리는 이후 무엇을 성찰했을까? 서울시에는 과연 교훈이 남기나 한 것일까? 기억관을 돌아보는 내내 마음이 착잡했다.

전시관을 둘러본 뒤 출입문을 열고 오른편으로 돌아나오다가 봤다. 높은 빌딩들 사이에 서 있는 신용산교회. 용산참사가 났을 때 용산4구역에 있었던 교회다. 교회는 어떤 힘이 있길래 재개발된 센트럴파크 빌딩 옆에 버젓이 예전 크기만 한 교회를 세울 수 있었을까? 아마도 재정비조합과 애초부터 약속이 되었을 것이다. 교회처럼 그곳에서 장사하던 자영업자들에게도 가게를 약속해주면 되었을 것 아닌가? 은행 대출을 받아서 착실히 임대료도 내고 대출이자도 내던 그곳의 자영업자들이 망루에 올라가는 일은 없도록 대화로 풀려고 했으면 얼마든지 그럴 수 있었을 것이다. 실제 비슷한 시기에 망루를 짓고 농성을 벌였던 용인 어정가구단지의 사례도 있었다. 1년 6개월 동안 망루 농성이 진행되는 동안 경찰은 진압에 나서지 않고 조합과 철거민들의 대화를 주선했다. 그리고 결국 아무도 다치지 않고 철거민들은 망루에서 내려올 수 있었다.

용산참사는 뉴타운 바람 한가운데서 일어났다. 당시 이명박 대통령이 불을 지피고, '한강 르네상스'를 부르짖던 오세훈 서울시장이 부채질을 했다. 속도전 식으로 진행되는 재개발 사업에서 현지 주민들은 안중에도 없었다. 철거용역업체는 매일 폭력을 저지르고 모욕을 주었지만, 공권력은 늘 가진 자들의 편이었다. 검찰도 사법부도 마찬가지였다. 용산에서는 서민들에게 주어진 주거권은 없다는 것, 내쫓긴 이들은 이 나라에서는 보호를 받을 권리가 없다는 것을 보여주었다.

서울시는 용산참사 8주기인 2017년 1월 20일자로『용산참사, 기억과 성찰―2017 용산참사백서』를 내놓았다. 서울시와 민간이 공동으로 참여하여 구성한 '용산참사 기억과 성찰 위원회'가 이런 백서 작업을 한 것은 의미가 있다. 이 백서의 맺음말에서는 용산참사 이후 정비사업의 투명성을 높이고 전문적인 사업 지원을 위한 공공지원제, 세입자들에게도 개발 정보를 제공하는 클린업 시스템의 구축, 개발 전에 세입자도 참여하는 사전협의체 운영, 강제철거 예방 종합대책 등 다양한 방안을 마련했다고 평가했다. 그러면서도 백서에서는 "이러한 제도 개선에도 불구하고, 서울시의 개발 사업 현장에서 철거민들의 저항은 여전히 사라지지 않고 있다. 문제의 근본적인 해결을 위해서는 세입자를 단순히 보상과 철거의 대상이 아닌 주거권과 영업권의 주체로서 자리매김하는, 개발 사업에 대한 근본적인 패러다임 전환이 이루어져야 할 것이다"라고 제언하고 있다.

아울러 백서에는 유엔 사회권위원회의 권고도 소개하고 있다. "사회권 3차 보고서의 최종 견해concluding observation는 2009년 11월 24일에 발표되었다. 유엔 사회권위원회는 주거권 분야에서 용산참사를 구체적으로 예시하면서 강제퇴거에 대한 대책을 권고하였다. 사회권위원회는 강제퇴거로 영향을 받을 사람들에 대한 구제책이 없다는 점과 충분한 보상, 적절한 이주지가 주어지지 않는 것에 대한 우려를 표명하였다."

주거는 인권이다. 용산참사는 주거에 대한 권리를 주장했지만, 지금 우리 사회에서 집은 투기의 대상이 되어버렸다. 집을 사고파는 과정에서 차액을 남기겠다는 욕망은 하나도 변하지 않았을 뿐만 아니라 더욱 거세지고 있다. 용산참사가 뉴타운 바람 가운데 일어난 비극이라는 점을 우리 사회는 완전히 잊고 있는 것 같다. 다시 여기저기서 '개발'에 불이 지펴지고 있으니 말이다. 용산참사의 비극이 재발되지 않으리라고 누가 보장할 수 있을까.

마을 공동체를 되살리는 재개발: 백사마을의 재생사업

광주대단지나 용산처럼 내몰고 쫓아낸 곳과는 다른 모습의 도시를 보고 싶어졌다. 그래서 백사마을 찾아가게 되었다. 노원구 중계동 백사마을은 서울의 마지막 달동네로 알려져 있다. 백사마을은 중계동 104번지라고 해서 붙여진 이름이다. 마을 이름을 처음 들었을 때는 흰 뱀이나 흰 모래를 상상했는데, 번지수라니. 마을 전체가 한 번지다. 불암산의 남서쪽 기슭을 차지한 마을이다. 한때 이곳에는 1,400세대에 7천 명까지 살았다고 한다. 그 많은 세대들이 104번지, 하나의 주소를 썼다는 것도 신기하다.

백사마을이 형성된 것은 광주대단지보다 앞선다. 서울시는

지금은 문을 닫은 가게들. 이 골목에 다른 동네들처럼 사람들로 북적였다.

1967년 청계천을 복개하고 고가도로를 놓기 위해서 천변의 판잣
집을 철거하고 주민들을 이곳으로 이주시켰다. 그러니까 광주대단
지 이전에 형성되기 시작된 마을이었다. 도시계획사업과 도시정
화사업으로 영등포, 용산, 안암동 등에서 강제 철거된 1,135가구
도 집단 이주했다. "이주 초기 임야지 8평씩을 배정받고, 일률적으
로 블록 200장과 소형텐트 32평형 1개(4세대당)를 지급했다고 한
다."(서울역사박물관 조사연구과 편, 『104마을—중계본동 산 104번지』, 서울역사박
물관, 2012) 앞에서 가보았던 성남의 초기 모습을 상상하면 될 것 같
다. 우물도 나중에 10개 정도를 파서 공동으로 사용했다고 하고, 버
스도 하루에 단 두 번 운행했을 정도였으니 이곳은 고립된 지역이
었다. 초기에 이주해온 사람들 뒤로도 주위의 중계동이나 상계동이

재개발될 때 이주해온 사람들, 또 IMF 때 사업이 망해서 들어온 사람들이 있었다. 50년 넘는 시간 동안 생의 막다른 길로 몰린 사람들이 살고자 들어왔던 절실한 마을이었다.

백사마을 재생지원센터의 신동우 소장과 연락이 닿아서 지난 초여름에 찾아갔다. 그는 빈민운동을 하다가 서울시의 공무원이 되어 마을재생 프로젝트를 진행하고 있었다. 그곳 마을을 한 번은 재생지원센터의 활동가 조한기 씨, 또 한 번은 조영운 씨의 안내로 돌아봤다. 산 구릉을 따라 형성된 마을이다보니 골목들도 좁다. 이곳도 성남에서 본 것처럼 20평 남짓 작은 평수의 집들이 대부분이다. 천막 형태의 집은 이제는 없지만, 서울시가 나눠준 땅을 파고 움막 형태로 집을 짓고 지붕을 '루핑'(지붕 아래에 까는 방수용 검은색 특수비닐)으로 덮은 집들을 볼 수 있었다. 슬레이트와 기와로 된 집들도 있었지만 이곳의 집은 모두 단층집이었다. 서울의 다른 지역에서는 볼 수 없는 풍경이다. 백사마을의 가장 높은 곳에 올라보면 앞동네의 고층 아파트촌과 확연하게 대비된다. 구릉 하나를 덮으면서 형성된 마을이고, 그 마을을 벗어나면 곧바로 불암산 자락이다.

여전히 100세대 넘게 사는 마을이지만, 골목에는 빈집들이 많았다. 담벼락이나 대문에 붉은색 라커로 '위험'이라는 글씨가 쓰였거나 큰 동그라미가 그려진 집이 빈집이다. 재생지원센터의 마을지도를 보니 전체의 80퍼센트 정도인 듯했다. 재개발을 하면 임시 이주단지를 만들어서 이전을 하게 되는데 노원구에서 500세대 정도의 주민들을 임대주택으로 이주시켰다. 이곳 주거환경이 너무 열악해서 아예 다른 곳으로 이주를 한 이들도 있다고 했다.

안내를 맡은 활동가가 비어 있는 집에 들어가보자고 했다. 한 집에 여러 가구들이 살던 방들이 미로처럼 구불구불 연결되어 있었다. 안은 어두웠다. 한쪽에는 공동변소가 있었는데 이른바 '재래식'이다. 바닥에 직사각형의 구멍이 뚫려 있는 그런 곳, 예전에 농촌 시골마을에서나 볼 수 있었던 변기였다. 이 마을에는 도시가스가 들어오지 않아서 연탄으로 난방을 해결한다. 그래서 겨울철이면 시민들이 연탄 배달 봉사를 하러 오는 곳이기도 하다. 연탄을 때던 방 앞에는 사람들이 두고 간 검은 새 연탄과 희끄무레한 연탄재가 나란히 뒹굴고 있었다. 그 어두운 집에서도 창밖으로 불암산 풍경이 훤히 내다보인다.

최근 백사마을과 관련한 언론기사를 찾아보다가 "달동네 지형·길 그대로 살려 변화무쌍한 건축 만들 것"이라는 승효상 건축가의 중앙일보 인터뷰를 보았다. 이곳에서는 집을 지을 때 옆집의 일조권을 고려하여 집의 방향을 잡았다는 것이다. 이웃을 배려하는 집 짓기의 본보기를 보았다고 할까. 또 골목은 단순히 사람이나 차가 지나다니는 곳이 아닌, 누구라도 의자 하나 갖고 나와 앉아서 담소를 나누게 하는 역할을 했다며 새롭게 가치를 평가하기도 했다. 이렇게 가난한 사람들이 긴 세월 동안 공동체를 이루며 살아온 흔적들을 간직하자는 주장들이 나왔고, 그에 따라 백사마을 재생지원센터가 들어서게 되었다.

이곳은 변화가 더딘 마을이기도 하다. 그런 데에는 이곳이 군사시설보호지역으로 묶였던 것과 함께 개발제한구역으로 지정되었던 탓이 크다고 활동가는 말했다. 이런 규제는 2008년에 들어와서는 모두 해제되어서 재개발을 위한 움직임들이 활발해졌지만, 재개발 방식을 둘러싸고 합의를 이루는 과정이 쉽지 않았다. 뉴타운 열풍이 낳은 여러 후유증 탓에 기존의 전면 철거, 전면 재개발 방식에 대해 재고하자는 분위기가 생겼다. 서울에서도 마을 공동체를 복원하고 '보전형 임대주택단지'를 조성하는 데 관심이 일었다. 복잡한 과정을 거친 뒤, 워낙 주거환경이 나쁜 백사마을에는 마을의 일부를 보전하면서 마을 공동체성도 복원하는 프로젝트가 성립되었다. 그런데 이번에는 사업 타산이 맞지 않아서 번번이 시공업체 선정이 지연되었다. 그러다가 2121년 12월에 드디어 사업자가 선정되었다.

계획대로라면 2022년 말부터는 이곳 마을이 철거되고 재개발 사업이 시작된다. 다행히 재개발 지역 전체의 5분의 1 정도에는 2, 3층의 저층 공공임대주택이 들어서게 되어서 고층 아파트만 하늘 높이 솟아 있는 여느 재개발 지역과는 다른 풍경이 만들어질 것으로 보인다. 기존의 골목·계단길·마을 지형 등은 일부 보존되기도 하고, 마을의 역사를 기록한 '마을전시관'도 세운다고 한다.

그런데 정작 고민은 다른 데 있다. 지금 임시로 노원구 임대주택 등에 이주해 있는 주민들 중 이곳으로 들어올 가구가 몇이나 될 것인가? 신동우 재생지원센터 소장은 "저소득층이고 고령층이다 보니 이곳에 주민들이 다 돌아오지 않을 것으로 보인다"라면서 "마을 임대주택에 예술인, 청년, 신혼부부들이 들어올 수 있는 길을 모색 중"이라고 했다. 마을을 만들어도 사람이 들어와 살지 않으면 백사마을의 실험은 헛수고가 될 것을 걱정하고 있었다.

재생지원센터에서는 최근에 마을전시관 사업을 염두에 두고 아카이브 작업을 하고 있다. 동네 사람들을 설득해서 예전에 쓰던 물건들을 모으고 있다. 센터에 가보니 오래된 절구며 절구공이, 소쿠리, 라디오, 선풍기 등이 널려 있었다. 덩치 큰 자개장도 있고, 당시에는 최신식이었을 '전축'에 일렉트릭 기타까지 있다. 어느 집에서는 이사 가면서 버리고 간 일기장과 앨범들도 걷어왔다. 가족들과 친구들과 마을 사람들과 어울려 놀던 색 바랜 사진들도 있다. 아이들 장난감이며 상장 같은 것들이 곳곳에 눈에 띈다. 한 집에서 통째로 가져온 비디오테이프와 카세트테이프 들에는 주인의 취향이 엿보인다. 사람 사는 곳이면 당연히 있는 모든 게 이 마을 안에 있었다. 이 작업을 진행하는 활동가 조영운 씨는 이 동네가 찌든 가난과 절망으로 기억되지 않길 바란다. 이곳도 다른 평범한 마을처럼 웃고 울고 꿈꾸는 사람들이 살았다는 것을 보여주고 싶어한다. 그래서인지 함께 마을을 돌아볼 때 '젝스키스 짱'이라는 낙서가 적힌 담벼락으로 우리를 데려가기도 하고, 백사마을의 예쁜 사계절 풍경이 보일 때마다 찍어둔 사진들도 책에 실을 수 있게 선뜻 보내주었다. 재생지원센터에서는 모아둔 물건들 하나하나에 담겨 있는 이야기들을 정리하고, 마을의 역사에 대한 구술작업도 진행 중이다. 언젠가 책으로 만들어볼 것이라고 한다.

　　백사마을을 돌아보고 나오는 길에 다시 건너편의 고층 아파트가 눈에 들어왔다. 산 밑까지 파고들어 불암산을 가리면서 높이 솟아 있다. 아마도 저 아파트가 들어선 자리에도 백사마을 사람들과 같이 가난했던 이들이 살았을지 모른다. 그들은 전면적인 철거

백사마을 재생지원센터에서 그동안 찍어둔 마을의 사계절 사진을 보내주었다.

와 재개발에 밀려서 다시 어딘가로 떠났을 것이다. 삶이 있고 이웃이 있던 마을에서 떠나 더 좋은 곳으로 갔을까?

재개발의 과정에서는 땅값이 올라 다른 지역의 돈 많은 사람들과 건설사들이 떼돈을 벌지만, 원주민들은 집주인이건 세입자건 자기 살던 곳에 재정착하기 힘들었던 게 지금까지의 현실이다. 그들에게 인간다운 주거생활을 누릴 수 있는 권리를 보장하는 방향으로 재개발 사업이 진행된 적이 없기 때문이다. 그건 광주대단지 이래로 변하지 않는 공식이었다. 용산참사를 통해 필요하다고 확인되었던 강제퇴거금지법을 만들지 못하고 있으니 말이다. 백사마을은 그래도 주민들을 강제로 쫓아내는 방식이 아니라서 다행이라 할 수 있을까? 여전히 위태로워 보이지만 백사마을이 꿈꾸는 미래의 모습에 기대를 걸고 지켜봐야 할 것 같다.

서울 청계천·구로·창신동

노동·인권
운동가
이소선의
연대

"옷도, 세상도 ... 것을 노동자

"우리는 하나 ... 항상 뺏기

되세요. 하나 ... 니다. 태일이

"...의 뜻을 이룰게."

...의 뜻을 꼭 이루겠노라 약속

업주들과 정부당국을 상대로

으로 건강검진 실시 ⑥여성

...자, 정부는 전태일의 분신

27일 '청계피복노동조합'이

41년, 그 후 10년

이소선은 2011년 9월 3일에, 만 82세의 나이로 아들 전태일 곁에 누웠다. 큰아들 전태일이 22세에 분신을 결행할 때 이소선의 나이는 41세였다. 아들을 저세상으로 보내고 이소선은 꼭 41년을 더 살았다. 그 41년은 전태일과의 약속을 지키기 위해 혼신의 노력을 했던 세월이었다.

코로나19 상황이 엄중했기 때문에 2021년 이소선의 10주기 추모식은 전면 취소되었지만, 10주기 특별기획전시 〈목소리〉는 전태일기념관에 마련되었다. '아름다운청년 전태일기념관'은 2019년 4월에 서울시의 도움으로 개관했다. 청계천변에 있는데 삼일교와 수표교의 중간 지점이다. 건물 전면에는 전태일이 근로감독관에게 보낸 진정서가 그의 필체 그대로 한가득 펼쳐져 있다. 한옆에는 벽을 뚫고 나오는 전태일의 동상이 근로기준법으로 보이는 책을 들고 오른손을 내밀고 있다. 그 손과 악수를 하고 기념관에 들어선다.

나는 묘소에는 못 가는 대신 전시는 두 차례 가서 보았다. 1층 문을 열고 들어서면 이소선이 웃으면서 팔을 벌려 반겨주는 그림부터 만난다. 생전의 환한 웃음이 정겹고, 벌써 그 모습이 보고 싶어진다. 기획전이 열리는 기념관 3층에는 상설전시실이 있다. 처음 방문하는 사람이라면 그곳부터 둘러보길 추천한다. 그래야 노동·인권운동가 이소선의 삶에 한 발 더 다가갈 수 있기 때문이다.

상설전시실에서는 전태일 열사의 일대기가 담담하게 펼쳐진다. 가난했던 어린 시절부터 시작해, 평화시장에 들어가 어린 여공들이 혹사를 당하는 모습을 보면서 괴로워하고 그 현실을 바꾸려는 노력들이 소개된다. 그리고 당시 평화시장의 다락방이 재현되어 있다. 한 층을 반으로 나눠서 다락방을 만들었으니 그 높이가 겨우 1.5미터. 고개를 숙여야만 하는 높이다. 그런 곳에서 노동자들은 15시간의 노동에 시달려야 했다. 그다음으로, 근로기준법을 지키고 노동자들의 복지를 실현하면서도 모범적으로 봉제업체를 운영할 수 있다는, 전태일이 생전에 구상했던 '태일피복'이 나온다. 그때 돈으로 3천만 원이면 가능하다고 생각했지만, 그는 결국 돈을 구할 수 없었고 그 꿈은 좌절되었다. 그런 끝에 그는 방황하다가 결단을 내린다. 그의 분신이 한국 사회에 던진 충격은 엄청났다.

상설전시실이 끝나면 바로 기획전시장으로 이어진다. 이소선 10주기 특별기획전의 시작은 전태일이 숨을 거두기 직전 어머니 이소선과의 마지막 대화다.

"어머니 내가 못다 이룬 일 어머니가 꼭 이루어주세요."
"아무 걱정 마라. 내 목숨이 붙어 있는 한 기어코 내가 너의 뜻을 이룰게."

전태일기념관 상설전시실에도 전
태일 열사의 영정을 안고 오열하는
이소선의 사진이 걸려 있다(위).
평화시장 내 공장에서는 한 층을 반
으로 나눠 다락방을 만들었다. 위층
이든 아래층이든 똑바로 설 수 없는
구조다(옆).

전태일 열사는 평화시장에서 1970년 11월 13일 오후 1시 30분경 분신했다. 그런 뒤에 국립의료원으로, 성모병원(현재의 명동 가톨릭회관)으로 옮겨졌다가 그날 밤 10시 30분경에 운명했다. 전태일은 마지막까지 친구들에게도 약속을 받아내고 그리고 어머니에게도 다짐을 받아냈다.

　아들의 비통한 죽음 앞에서 이소선은 결연했다. 아들과의 약속을 지키기 위한 외롭고 힘든 투쟁을 감내했다. 당시 박정희 정부는 이 사건이 확대되지 않도록 서둘러서 장례를 치르려고 했다. 노동부와 중앙정보부 등이 이소선을 회유하기 위해서 현금을 보따리에 싸서 갖고 왔다. 전태일의 작은아버지는 그 돈을 받고 장례를 치르자고 했지만 이소선은 끝내 거절했다. 그 시대는 장례 과정에서 여성들이 목소리를 낼 수 있는 분위기도 아니었다. 도리어 자식을 앞세운 부모는 얼굴을 들고 다닐 수 없다는 관념이 지배하던 시절이었다. 그런데 이소선은 단호하게 그런 벽을 넘어버렸다. 보따리를 풀어서 돈뭉치를 집어들고 공중에다 뿌려버렸다. 당시 정부의 내로라하는 정부의 고위직들까지 나서서 그를 설득하려고 했지만 모두 실패했다.

　이소선은 서울대 법대 학생장으로 장례를 치르겠다고 고집했다. 서울대학교에서는 전태일의 추모식이 열리고, 학생운동이 전태일의 장례에 결합하려는 움직임이 있었다. 그러면 걷잡을 수 없이 사태는 커질 것이었다. 다급해진 정부에다 이소선은 그때만 해도 획기적인 요구안을 내놓았다. ① 주일휴가제(유급휴일제) 실시, ② 법으로 임금 인상(월급공), ③ 8시간 노동제(초과근로수당제) 실시, ④ 정규임금 인상, ⑤ 정기적인 건강진단 실시, ⑥ 여성생리휴가, ⑦ 이중 다락방 철폐, ⑧ 노조 결성 지원 등이었다.

이런 요구가 받아들여져서 장례는 11월 18일에 모란공원에서 진행되었다. 경기도 남양주에 위치한 모란공원은 교통편이 발달하지 않았던 당시에는 산골짜기나 다름없었다. 1969년부터 묘지를 쓰기 시작했으니 대부분의 자리는 휑했다. 정부는 전태일의 무덤을 가급적 서울에서 먼 곳에, 사람들이 찾아오기 힘든 험지로 내몰았다.

우여곡절 끝에 전태일 분신 14일 만인 1970년 11월 27일 청계피복노동조합이 설립되었다. 1만2천여 명 노동자(당시 평화시장 노동자의 통계는 제각기 다른데, 전태일은 실태조사 결과에서 2만 명이라고 밝혔다)가 일하는 평화시장에서 최초의 민주노조였다. 청계피복노조는 이듬해 4월에 단체협상을 체결했고, 야간노동을 철폐하고, 체불임금을 받아내고, 주일휴가제를 시행하게 했다. 무엇보다 작업장의 이중 다락방을 철거하게 했다.

2022년 5월까지 열리는 10주기 추모 특별기획전 〈목소리〉는 이소선이 처음에는 노동자의 어머니로서 현안이 생기는 노동현장에 거침없이 다가가다가, 차차 반독재민주화운동으로 연대활동을 넓히는 과정을 상세하게 보여주고 있다. 아울러 1970년대에서부터 2000년대까지 우리나라 노동운동의 발전 과정도 볼 수 있다. 전태일기념관은 이소선과 가깝게 지내며 활동했던 이들과의 인터뷰를 사전에 다섯 차례 진행했고, 그 결과를 자료집으로 발간하기도 했다. 나는 이소선이 초대 회장을 맡았던 민주화운동유가족협

10주기 추모 특별전시 〈목소리〉에는 노동운동가로서 이소선의 업적이 사진과 함께 전시되어 있다.

의회(현재는 전국민족민주유가족협의회, 이하 유가협) 이후의 활동에 대해서 배은심(이한열 열사의 모친), 장남수(장현구 열사의 부친)와 함께 참여했다. 그 인터뷰의 내용도 전시에서 영상으로 확인할 수 있었다.

　　이소선은 어디서 노동운동을 배운 사람도 아니었다. 그는 노동자의 어머니에서 모두의 어머니가 되어 다들 그를 '이소선 어머니'로 불렀다. 그게 전혀 어색하지 않았다. 이소선은 '이소선 여사'로 불리는 걸 한사코 거부했다. 전태일에게 열사라는 호칭을 붙이는 것도 달가워하지 않았다. 그냥 편하고 자연스럽게 불러주기를 바랐다. 그래서 한때 중앙정보부나 경찰 등 정보기관에서는 "이북에는 김일성 아버지, 이남에는 이소선 어머니라고 부르니 당신은 빨갱이다"라며 그를 다그치기도 했다.

이소선은 "250여 차례가 넘는 체포와 180여 번의 구류처분, 3년여의 옥살이를 하면서 41년의 세월을 노동자와 함께했다"라고 전시장 한편에 쓰여 있다. 그런데 이런 내용은 조금은 수정해야 할 것 같다. 전시에서 보여주듯, 이소선이 함께한 사람들은 노동자만이 아니라 이 나라에서 고통받는 모든 사람들이었다.

평화시장을 바꾸다

전태일기념관 앞에는 청계천이 흐르고 있다. 청계천을 따라서 하류 쪽으로 걸어 내려가다 마전교를 지나고 나래교를 지난 다음에 나오는 다리가 버들다리다. 전태일기념관이 있는 삼일교부터 이곳까지 1.6킬로미터 거리의 인도에 동판들이 한 줄로 계속 이어진다. 전태일 열사 50주기를 맞아 전태일재단에서는 추모 글귀를 공개 모집했는데, 그때 참여했던 노동조합과 단체, 개인 들이 전한 한마디를 이름과 함께 동판에 새겨 바닥에 박아놓았다. 동판의 글귀들을 읽으면서 따라가는 재미도 있다.

버들다리는 이제 '전태일 다리'로 불린다. 그 다리 가운데에 큼직한 전태일 열사의 동상이 묵직하게 자리 잡고 있다. 이제 이곳은 사람들이 자주 찾아오는 명소가 되었다. 그리고 바로 그 다리를 건너면 전태일 열사의 분신 항거 자리다. 그 자리에 둥근 동판이 바닥에 박혀 있다. 평화시장 라동 2, 3층 입구 10번 게이트와 다동 2, 3층 입구 5번 게이트 사이 골목 어귀다. 동판에는 불꽃 모양의 그

전태일 다리라고 불리는 버들다리 위 전태일 열사의 동상. 그 옆의 평화시장 입구가 분신 항거 자리다.

림 아래에 "아름다운 청년 전태일 1970년 11월 13일 근로기준법 준수하라 외치며 이곳에서 산화하다"라고 적혀 있다.

전체 길이가 630미터나 되는 평화시장은 1962년에 개장했다. 평화시장 뒤편으로는 동화시장, 통일시장 등이 있고, 동편으로는 신평화패션타운, 동평화패션타운 등이 길게 이어져 있다. 예전보다는 그 위세가 못하다고 하지만, 이곳은 여전히 한국 봉제산업의 메카라고 할 수 있다. 상가들은 공통적으로 1층이 옷가게이고 2,

3층에 소규모 공장들이다. 예전 이곳에는 전태일기념관 상설전시실에서 보던 다락방이 있었다.

『전태일 평전』이나 청계피복노조의 기록들, 그리고 당시 이곳에서 노동했던 이들의 증언들을 종합해서 보면, 이 공장들의 노동환경은 열악했다. 한 평당 네 명 정도가 밀집한 작업장에 환기시설이 없어 포르말린 냄새가 심하고, 먼지와 실밥이 풀풀 날리거나 뭉치가 되어서 돌아다니는 곳이었다. 허리도 못 펴게 만든 다락방에서 오전 8시에서 오후 11시까지, 때로는 철야작업까지 해야 했다. 점심시간은 30분 정도, 그 시간 외에는 화장실 가기도 어려웠다. 평화시장 2층에는 변소가 세 곳뿐이었는데 2천 명이 사용했다.

임금에 대해서는 "전태일이 조사한 바에 의하면 대체로 시다가 월 1,800원에서 3,000원까지, 미싱사가 7,000원에서 2만 5,000원까지, 미싱보조가 3,000원에서 1만 5,000원까지, 그리고 재단사가 1만 5,000원에서 3만 원까지 받고 있었다. 시다의 경우, 열서너 살짜리 여공이 하루 14시간 이상의 중노동을 하여 받는 일당이 70원꼴이었던 것이다. 그나마 제날짜에 받지 못하고 닷새나 열흘씩 체불되는 것이 보통이고, 주인이 장사가 뜻대로 안 될 때는 제대로 임금을 받지 못하고 몇 달씩 밀리거나 아주 못 받게 되는 일도 허다하였다"라고 『전태일 평전』에서 전하고 있다. 여기서 '시다'는 견습공, 조수 등을 뜻하는데, 평화시장의 시다들은 다리미질과 실밥 뜯는 일, 실과 단추를 나르는 일을 했는데, 사업주나 미싱사, 재단사의 잔심부름까지 도맡았다. 그들은 가난해서 중학교에도 진학 못 한 12~15세 소녀들이었고, 하루 15시간 이상의 노동에도 일당은 겨우 30~50원이었다. 당시 커피 한 잔에 50원 하던 것을 생각해보면 노동자들이 받던 월급이 얼마나 형편없었는지를 알수 있다.

잔업·철야수당이나 생리휴가도 없이 열악한 작업환경에서 장시간 노동을 하다보니 그곳의 노동자는 각종 질병을 달고 살았다. 산업재해였지만 당시에는 그걸로 보상을 받을 수도 없었다. 폐결핵에 걸려 각혈하는 시다를 본 전태일은 충격을 받고 평화시장 노동자들을 위해서 노동조건을 개선하겠다고, 근로기준법을 지키도록 만들겠다고 다짐을 한다. 그런 노력들이 '바보회'(1969년 6월 전태일이 만든 재단사들의 모임)와 '삼동회'(1970년 9월 바보회를 확대해서 만든 재단사 모임. 평화시장, 통일상가, 동화시장의 노동자가 힘을 합쳤다는 뜻으로 삼동친목회라고도 불렸다) 결성으로 이어졌고, 평화시장 노동자들의 실태를 조사해 언론에도 평화시장의 노동환경이 소개될 수 있게 했다. 하지만 그런 노력으로도 평화시장을 바꿀 수 없음을 깨닫고 절망적인 상황에서 분신을 결행하게된다.

아들 전태일의 그런 노력을 안 이소선은 마지막 약속을 지키는 길은 노동조합을 만드는 것밖에 없음을 알았다. 그래서 전태일이 죽은 후 아들의 친구들과 함께 평화시장의 옥상에 있는 노조 사무실에 매일 나갔다. 그곳을 지켜야 한다는 생각이었다. 아들을 잃은 유가족임을 알 수 있는 검은 한복을 입고 옥상 계단에 앉아 있는 모습을 평화시장의 노동자들이 아프게 지켜봤다. 그러다가 노동자가 한 명이라도 옥상에 올라오면 이소선은 그 손을 잡고 전태일에 대해서, 전태일이 하려고 했던 일에 대해서, 노동조합을 만들어야 하는 이유에 대해서 설명하고 그들을 이끌었다.

노동조합 만들 때 사용주들은 전태일에 대한 악담을 퍼부으면서 노동자들의 참여를 가로막았다. "시장에서 일하기 싫은 사람, 깡패 같은 사람이 죽었다"라거나 "그 깡패랑 그 엄마가 노조를 만들더니 매일 모여 앉아서 찬송가를 부른다" 하는 헛소문을 퍼뜨렸다. 기어코 노조에 가입하는 노동자들을 폭행하고 쫓아내는 일도 다반사였다. 그런 상황에서 청계피복노조의 고문으로 활동하던 이소선은 앞장서기보다는 노동자들이 하는 일을 뒤에서 밀어주다가 노조 집행부 사람들이 다치거나 잡혀가게 되면 나서서 막아내기도 했다.

노조 초창기에 이런 일도 있었다. 박정희 사진을 걸라는 정부의 방침을 평화시장의 대표가 노조에 전달하자 노조는 사무실 벽에 걸렸던 전태일 사진을 떼어내고 그 자리에 박정희 사진을 걸었다. 당시는 유신이 선포된 직후였으니 그 살벌한 분위기에 정부의 방침을 무시할 수는 없었을 것이다. 이걸 본 이소선은 당장 지회장에게 사진을 바꿔서 걸라고 했지만 누구도 나서서 박정희 사진을 떼지 못했다.

이소선은 대빗자루를 뒤집어 들고 박정희 사진 앞으로 달려갔다.
"너네가 못하겠다면 내 손으로 하마."
이소선은 빗자루로 냅다 박정희 사진을 내리쳤다. 액자가 산산조각 나며 박정희 사진이 바닥에 나뒹굴었다. 감히 누구도 할 수 없는 엄청난 일이었다. 박정희가 군왕과 같은 절대 권력을 휘두르던 시절이었다. 그런데 대명천지에 사람들이 보는 앞에서 박정희 사진이 박살났다.

오도엽, 『지겹도록 고마운 사람들아』, 후마니타스, 2008, 120쪽.

이소선은 처음에는 노조 활동을 하면서 끼니도 못 먹는 전태일의 친구들을 집으로 데리고 가서 밥을 해 먹였다. 그러려면 평화시장, 중부시장 등을 돌아다니면서 헌옷을 수거해서 그걸 수선하고 다림질을 해서 팔아야 했다. 그러다 노조가 서울시에 건의해서 1971년 2월부터 동화상가 4층에 후생식당을 열었다. 서울시의 보조로 운영되던 후생식당에서는 국수 한 그릇에 10원을 받았고, 매일 500그릇까지 노동자들에게 팔았다. 그런데 갈수록 양이 줄어드는 것이 확인되었다. 그러자 이소선은 조합원들과 함께 식당에 들어가 탁자를 뒤엎으며 따지고, 서울시장을 직접 만나서 문제를 제기했다. 뿐만 아니라 이소선은 후생식당에 들어가 급료도 받지 않고 설거지 같은 일을 했다. 그렇게 해서야 제대로 된 양이 확보되었다.

전태일기념관에서는 지난 2019년 이소선 8주기 기획전을 마련했다. 그때의 기획전의 제목이 〈어머니의 꿈—하나가 되세요〉였다. 이소선은 유난히 하나가 되는 걸 강조했다. "하나 대면 이긴다"라고 쓴 문구는 이소선의 서툰 글씨 그대로 전시장에 붙여놓았다. 그때 이소선이 남긴 일기와 메모와 말들은 뒤에 「태일이 엄마라꼬」라는 조그만 자료집에 수록되었다. 그 자료집에는 당시의 일화가 소개되어 있다. 이소선은 "라면 여덟 개를 끓여서 열여섯 명을 먹인

노동·인권운동가 이소선의 연대 ——— 243

다고. 그걸 퍼지게 끓이면 국물이 돼서 나눠 마실 수가 있다고… 데 모하던 태일이 친구들 우리 집 무허가 자리에다가 밤에 데려다 멕여야 걸어 나갈 거 아닌가"라고 한 방송의 인터뷰에서 당시 어려운 상황을 설명했다. 창동에 있던 집이 무허가 판잣집이었다. 또 1972년 5월 27일에는 "우리 순덕이 생일날인데 돈이 없어 미역국도 못 끓여주고 하루 종일 기분이 좋지 못해서… 얼마나 부족하면 단돈 얼마가 없어서 생일날을 고아처럼 이날을 보내니 순덕이는 내 옆에 누워서 잠이 들어 자고 있는 것을 보고 나는 순덕이를 쳐다보면서 아빠와 태일이를 원망했다"라고도 썼다. 순덕이는 전태일의 막내 여동생이다.

이소선이 평화시장에서 했던 일 중에는 여성 노동자들을 주체로 세우기 위해 애쓴 것도 놓쳐서는 안 된다. 당시 평화시장을 비롯해 봉제공장에서는 여성 노동자들이 대다수였고, 실제 싸움이 벌어질 때는 여성들이 더 악착같이 싸웠다. 청계피복노조 초창기에는 여성 조합원들을 조직하기 위한 부녀부가 있었다. 부녀부는 이소선과 의논해서 여성 노동자들의 모임을 만들어나갔다. 그렇게 해서 1971년 6월부터 시작된 게 '아카시아회'였다. 아카시아회는 "회의 중심 뿌리는 노조에 두고, 가지마다 많은 꽃송이들이 모여 좋은 향기를 풍기는 모임이 되자"라는 여성 조합원 유정숙의 제안으로 이름을 정했다. 아카시아회는 등산도 가고, 꽃꽂이, 기타교실과 같은 취미활동도 하고, 연소 근로자 위안 잔치, 바자회, 1인 1통장 갖기 운동 등 다양한 활동을 전개하는 한편으로 근로기준법과 노동조합의 필요성에 대한 교육도 병행해갔다. 아카시아회는 이름처럼 번

창했는데, 1973년에는 아카시아회 소속의 소모임이 16개로 늘었고, 참여 인원도 160명까지 확대되었다. 이 모임에 나온 여성 조합원들은 1980년 노조가 강제 해산되기까지 청계피복노조의 주력이 되었다.

노조 부녀부는 아카시아회와 함께 여성 노동자들 교육에도 발 벗고 나섰다. 1972년 5월 평화시장 옥상의 노조 사무실에서 처음 시작될 때의 이름은 '평화교실'이었다. 평화교실을 열자마자 200명이 몰리기까지 했다. 그만큼 평화시장의 노동자들은 배움의 기회에 목말라 있었다. 1973년 5월에는 시장 상가 사업주들의 도움을 받아서 동화상가 옥상에 '새마을 노동교실'(약칭 노동교실)을 열었는데, 이런 일은 동아일보와 같은 언론에도 실릴 정도였다. 하지만 개관한 지 한 달 만에 이 교실은 폐쇄된다. 개관식에 당시 가장 유명했던 재야 민주화운동가이자 반정부 인사였던 함석헌을 초대했다는 이유였다. 이소선과 청계피복노조 조합원들은 '노동교실 탈환 투쟁'을 벌여서 1975년 2월에 다시 노동교실을 열게 된다. 노동교실에서는 교양교육반과 기술교육반을 개설하여 운영했는데, 민주노조운동의 핵심들이 노동교실을 통해서 배출되었다. 이소선은 노동교실의 실장, 즉 책임자를 자처했다.

아카시아회와 노동교실이 운영되는 데는 조합 간부들의 노력도 있었지만, 이소선은 늘 든든한 지원자였다. 그때 활동했던 노조 조합원들은 모임이 있을 때면 이소선을 불러서 이야기를 들었고, 이소선의 창동 집으로 몰려가서 그와 이야기 나누기를 좋아했다. 이소선은 여성 노동자들과 모임을 함께 하면서 자신이 겪은 일들이

나 전태일에 관한 이야기 등을 들려주었다. 여성 노동자들을 노조 활동의 중심으로 세우려 애썼던 이소선은 시대를 앞서가는 노동운동가였다.

　이소선의 헌신 덕분에 청계피복노조는 수차례 구속과 구류, 벌금과 탄압 속에서도 1970년대 민주노조로 유지될 수 있었다. 그래서 당시 청계피복노조를 했던 이들은 이소선을 '작은 거인'으로 기억한다. 그때의 이야기들은 눈물겹지 않은 것이 없다. 평화시장 전태일 열사의 분신 장소에 서면 나는 전태일이 활동하던 장소들도 궁금하지만, 그의 사후 이소선과 전태일의 친구들, 그리고 평화시장의 노동자들이 활동했던 장소도 궁금해진다. 목숨을 던진 아들과의 약속을 지키려 무던히도 애를 썼던 노동운동가 이소선의 발자취를 제대로 밟아보고 싶다.

차별 없는 연대

이소선의 활동은 평화시장에 그치지 않았다. 그의 최대 강점은 거침없는 연대에 있었다. 그리고 그 연대는 노동운동을 넘어 사회 전반 약자들과의 연대로 확장되었다.

　1971년 3월에 서울 대방동에 있는 스웨터 제조업체인 한영섬유에서 노동조합 활동을 하던 김진수가 사측의 어용노조 측에 의해 드라이버에 찔려 병원에 입원하는 사건이 발생했다. 김진수는 60일간 사경을 헤매다가 사망한다. 이 사건에 대해서 상급 노조인

섬유노조와 한국노총이 아무런 역할을 하지 않자 한영섬유 노동자들은 한국노총을 방문해 사무실 집기를 부수는 등의 항의행동을 한다. 이 사건 관련해서는 영등포산업선교회가 여러 차례에 걸쳐 정부 부처에 항의행동을 조직했다. 이런 사실들은 영등포산업선교회(현 성문밖교회) 지하에 개관한 역사관에서 확인할 수 있다.

이때 청계피복노조 간부들과 이소선이 적극적인 연대에 나섰다. 이소선은 김진수 모친을 설득해 김진수에게 테러를 지시한 공장장과 싸울 것을 권유하기도 했지만, 통 움직이지 않는 모친을 대신해 공장장 집에 가서 항의하다가 경찰에 연행되어 몇 번씩이나 구류되면서도 줄기차게 싸움을 벌였다. 청계피복노조도 아닌 다른 노조의 사건이었지만 이소선에게 그런 점은 문제가 되지 않았다.

1978년 여성 노동자들의 나체시위와 여성 노동자들에 대한 사측 남성 노동자들의 똥물 투척 사건으로 유명했던 동일방직 사건, 1979년의 YH노조의 신민당사 농성에 이르기까지 1970년대 민주노조들이 겪는 탄압과 인권침해에 대해서 이소선은 자신이 매맞고 체포되고 구류되는 것까지 감당하면서 맞서 싸웠다. 청계피복노조와 이소선의 지원과 연대는 헌신적이었다. 그런 속에서 이소선은 몸이 만신창이가 되어갔다. 너무 힘들 때는 누군가가 온몸을 주물러주지 않으면 일어나 앉지도 못할 지경이 되었고, 약을 매일 한 주먹씩 먹고는 했다.

1979년 10월 26일, 갑자기 박정희가 세상을 떠났다. 박정희의 죽음은 새로운 희망을 불러왔다. 여기저기서 민주화의 흐름이 형성되었고, 이를 한국현대사에서는 '서울의 봄'이라고 했다. 이소

1986년 3월 17일에 구로공단에서 분신한 박영진의 4월 마석 모란공원 장례식에서 이소선이 추모의 말을 하고 있다(위).

1987년 7월 15일, 청계피복노조 사무실 탈환한 직후 조합원들과 만세를 부르는 이소선. 1981년 전두환 정권에 의해 해산되었던 청계피복노조는 1984년 4월 법외노조로 노동조합을 복구했으나, 1985년 11월 재차 노조 해산명령과 함께 사무실을 폐쇄당해야 했다(아래).

사진 박용수, 민주화운동기념사업회 제공

선은 청계피복노동조합 활동을 하는 중에도 노동현장과 대학생들 초청 강연에 열심히 나갔다. "다시 군복 입은 놈들에게 민주주의를 빼앗길 겁니까. 똘똘 뭉쳐 싸워야 합니다." "지금 민주네 무슨 봄이네 하며 박정희의 죽음에 들떠 있을 때가 아닙니다. 다시는 독재가 활개 치지 못하게 끝장을 내야지요." 그는 목이 터져라 호소했다. 하지만 우리가 아는 것처럼 전두환은 계엄령을 전국으로 확대한 뒤 광주시민들을 학살하고 권력을 잡았다. 이소선은 계엄포고령 위반으로 수배되었다가 수도경비사령부에 잡혀가 29일을 조사받고 서대문구치소로 넘어갔다. 두번째 구속으로 징역 1년을 선고받고 1980년 12월 12일 형 집행 면제로 석방되었다. (결국 2021년 12월 재심을 통해서 무죄가 되었다.)

그렇지만 1981년 1월 21일 합동수사본부(보안사령부, 헌병대, 경찰이 합동으로 만든 수사본부. 전두환이 1979년 12월 12일 쿠데타 뒤에 만든 탄압기구)에 의해 청계피복노조가 강제 폐쇄되었다. 이에 맞서서 이소선은 국제노동단체인 아시아아프리카자유노동기구AAFLI 사무실에 들어가 청계피복노조원들과 '청계피복노조의 원상복구'를 요구하며 농성을 벌였다. 이 일로 둘째아들 전태삼과 노조원들과 함께 연행, 구속되어 징역 10월을 선고받아 복역했다.

그 뒤 1980년대 이후 전태일기념관건립위원회, 청계피복노동조합복구위원회가 만들어졌지만, 평화시장이 아닌 주변의 다른 곳의 작은 공간을 월세로 들어가 유지해야 했다. 그러다가도 경찰들이 와서 집주인을 압박하면 언제고 쫓겨났다. 그러던 중 1985년에는 생텍쥐페리를 기념해서 만든 '인간의 대지 재단'의 지원으로 종로구 창신동에 한옥집을 한 채 사게 된다. 또 미국 장로교연합회의 지원으로 청계7가에 아파트를 샀다. 창신동 집은 '평화의 집'으로 명명해서 전태일기념관으로 쓰고, 청계7가 아파트는 노동조합 사무실로 사용했다.

1983년 7월에는 전태일기념관건립위원회 이름으로 『어느 청년노동자의 삶과 죽음』(이후 『전태일 평전』으로 제목이 바뀐다)이 처음으로 출간되었다. 이 책은 조영래 변호사가 1970년대에 수배 중에 썼던 것으로 한국에서는 출판이 어려워 일본에서 먼저 출판되었고, 이후 1991년에 지은이가 조영래임을 밝혔다. 이소선은 이 책을 읽던 중에 몇 번을 쓰러졌다. 그는 사람들이 이 책을 읽고 전태일처럼 분신해서 죽을까 두려웠다고 훗날 말하기도 했다. 실제로 『전태일 평전』은 많은 사람들을 운동으로 이끌었고, 그가 걱정한 것처럼, 그중 일부는 분신을 해서 세상을 떠나기도 했다. 1985년의 택시 노동자 박종만, 1986년의 신흥정밀 노동자 박영진이 그런 경우였다. 이소선은 이 노동자들의 죽음을 누구보다 아파했다.

1980년대 초반은 어떤 면에서는 유신정권 시절보다 더 엄혹했다. 이소선은 걸핏하면 가택연금을 당해서 전태일의 추도식에도 참석하지 못한 적이 있었다. 청계피복노조 합법성 쟁취대회가 거리에서 열리고 수천 명이 시위를 하다가 잡혀가곤 하던 시절이었다. 창신동에 평화의 집을 만든 뒤에 이소선은 무척이나 힘든 상황을 겪게 되었다. 학생운동가들이 노동현장에 위장취업을 해서 노동자 의식화 사업을 대대적으로 전개하자 이전과는 다른 노동운동의 흐름이 형성되었다. 단위 사업장의 노동조합 운동으로는 자본주의

체제를 무너뜨릴 수 없으니 정치적 투쟁을 통해 권력을 무너뜨리고 사회주의로 나아가야 한다는 주장들이 노동운동 내에 등장하게 되었다. 1985년 6월의 구로동맹파업은 이런 경향을 고조시켰다.

이런 정치투쟁 중심의 노동운동을 주도하는 서울노동운동연합(이하 서노련)이 결성되고, 청계피복노조도 이에 참가하면서 극심한 내홍을 겪게 된다. 박영진의 죽음 뒤에 서노련 활동가들이 창신동의 평화의 집에 들어앉아서 농성을 하자 이를 경찰이 진압하고 노동자들을 연행했다. 이에 맞서 노동자들이 평화의 집 지붕 기왓장을 던지며 싸움을 벌였다. 청계피복노조는 서노련 참여를 두고 양분되었다. 서노련에 참여하는 노동자들로부터 이소선은 '조합주의자' '경제주의자'라는 비난을 받았다. 노동조합 중심으로 임금인상이나 복지를 높이기 위한 경제투쟁에만 몰두하는 노동운동을 여전히 주장한다는 것이었다. 이소선은 생각이 달라도 많이 달랐다.

노동자 속에 노동조합이 있어야지, 몇몇 운동가끼리 모여 어떻게 노동운동을 하냐. 서노련을 탈퇴하고, 노동자 속에 들어가 노동조합을 튼튼히 꾸려. 그 힘으로 노동운동도 하고 정치운동도 해야 옳지 않냐. 나한테 조합주의다, 경제주의다, 욕을 해도 좋다. 하지만 노동자가 따라갈 수 없는 노동운동이 말이 되냐. 나는 노동조합하면서도 독재랑 싸웠다. 내가 백날 고민해도 답은 마찬가지다.

오도엽, 앞의 책, 218쪽.

이소선은 이념에 따른 노동운동과는 거리가 멀었다. 그는 힘없는 노동자들과 함께하는 현장 중심주의자였다. 이소선은 그때의 배신감으로 마음고생을 많이 했다. 그러면서도 언젠가는 자신을 욕하고 떠나간 이들이 다시 돌아올 것을 믿으면서 기다렸다.

노동자들에 대한 이소선의 연대는 2000년대에 들어와서도 이어졌다. 쌍용자동차 노동자들이 쫓겨났을 때도, 용산참사로 철거민들이 죽었을 때도 이소선은 병든 몸으로 움직였다.

2008년 가산디지털단지로 이름도 바뀐 옛 구로공단의 기륭전자에서는 비정규직 노동자들의 집단해고에 맞서는 정규직화 투쟁이 한창이었다. 이들은 삭발, 단식, 고공농성 등의 투쟁을 해왔지만 여전히 문제는 풀리지 않았다. 그러자 김소연 지회장과 유홍희 조합원이 회사 경비실 옥상에 올라가 무기한 단식에 들어갔다. 김소연은 94일, 유홍희는 67일이라는 기록적인 단식을 벌여서 사회적 주목을 받았고, 이들의 이런 투쟁은 비정규직 투쟁의 대표적인 사례가 되었다.

그때 이소선은 병든 몸으로 집에 누워 있을 수가 없었다. 기륭전자를 찾아서 두 사람이 단식 중인 경비실 옥상에 올라갔다. 정규직으로 복직하지 못하면 죽겠다면서 관까지 만들어 올려놓고, 구사대가 침탈하면 목을 매서 죽겠다고 경비실 옆 CCTV 거치대에 광목천을 늘여놓고 있을 때였다. 이소선은 그예 그 광목천을 끊어버린 뒤에야 경비실 옥상에서 내려왔다. 그때 사진으로 남은 그의 모습을 보면 너무 힘들어서 집회장 앞에 앉아서는 힘없이 고개를 떨구고 있었다.

지금의 가산디지털단지에 기륭전자 공장은 없다. 한창 기륭전자 투쟁이 진행될 때 연대하려고 찾아와 북적이던 노동자들과 시민들도, 매일 문화제가 열리고 연대 발언이 이어지고 정치권에서도 방문해 사회적 합의를 만들어낸 공장과 공장 앞의 경비실 옥상도 흔적도 없이 사라졌다. 얼마 전 다시 가보았을 때 기륭전자를 찾지 못하다가 슈퍼와 중국집을 보고 알 수 있었다. 지금은 현대식 건물인 '에이스하이엔드타워클래식'이 들어서 있다. 한국 최초의 수출공단이었고, 굴뚝이 높이 올려져 있던 그곳은 이제는 아파트형 공장과 회사들이 들어선 곳으로 변했다. 구로공단의 '공돌이, 공순이'들은 비정규직 노동자들로 바뀌었다.

　　옛 가리봉오거리는 디지털단지오거리로 이름이 바뀌었다. 지금도 거리는 오거리지만 예전에는 고가도로가 있었고, 복잡하게 차선이 엉키고 사람들이 북적대던 곳이었다. 1980년대에 이곳에서는 노학勞學연대 시위가 종종 열렸다. 전두환 정권과의 투쟁에서 성장한 학생운동과 1980년대 초반 민주노조들이 모두 전두환 정권에 의해 강제해산당한 뒤에 아주 서서히 성장하는 노동운동이 만나는 곳이었다. 이곳 오거리를 공장들이 에워싸고 있었다.

　　1985년 6월 24일 이곳 가리봉오거리 주변 공장들의 민주노조가 한국전쟁 이후 최초의 동맹파업을 벌였는데, 그 주역 중 하나인 대우어패럴이 있던 곳에는 현대아울렛이 들어서 있다. 마리오아울렛 자리에는 효성물산이 있었다. 공장이 있던 터는 온통 높은 빌딩의 패션 아울렛들이 차지했다. 구로동맹파업은 임금인상과 같은 경제적 요구를 내건 투쟁이 아니라 구속자 석방, 노동탄압 중단과 같은 민주노조를 지키기 위한 동맹파업이었다. 6일간의 파업으로 43명이 구속되었고, 700명 이상의 노동자들이 해고 또는 강제사직을 당하는 극심한 피해를 남겼다. 당시에는 동맹파업이 패배한 것처럼 보였지만 이런 투쟁들은 불과 2년 뒤의 1987년 노동자대투쟁을 여는 서막과도 같은 것이었다.

이제 가산디지털단지와 구로디지털단지에서 옛 구로수출공단의 흔적으로는 디지털단지오거리에서 광명 방향으로 넘어가는 '수출의 다리' 정도가 남아 있다. 그리고 가산디지털단지역 근처에는 금천구에서 만든 '구로공단 노동자 생활체험관 금천 순이의 집'이 있다. 당시 평화시장 노동자들이나 구로공단 노동자들의 생활을 엿볼 수 있는 곳이다. 순이의 집은 2층짜리 작은 양옥집이다. 이 작은 집에 37개의 방이 있었고, 그 방마다 노동자들이 살았다. 그 집 지하에는 가운데 복도가 있고, 10개의 작은 방들이 늘어서 있다. 노동자들이 '벌집' 또는 '닭장집'이라고 부르던 곳이다. 방에는 '비키니 옷장'(네 개의 기둥을 세우고 거기에 지퍼가 달린 비닐 커버를 씌워서 조립하는 옷장)이 서 있다. 두 평 남짓한 이 방에 한 명이 아니라 서너 명이 같이 생활을 해야 했다.

'한강의 기적'이라 불리는 성공적인 산업화는 저임금과 장시간 노동, 열악한 환경에서 일했던 노동자들을 착취하며 이루어졌다. 그때 노동자들을 수출산업에 내몰기 위해 이들을 산업역군으로 추켜세우기도 했다. 지금의 고용노동부 관악지청 건너편에 있는 한국산업단지공단에는 '수출의 여인상'이 있다. 푸른빛의 동상은 왼쪽 무릎을 굽히고 전진하려는 여성의 모습이다. 치마를 입었고, 왼

금천 순이의 집에는 방 한 칸에 작은 부엌이 딸린 그 시절 여공의 거처를 재현해놓았다(위).
열악한 환경에서 일하던 여공들을 비현실적으로 형상화한 수출의 여인상이 빌딩들 사이에 서 있다(아래).

손에는 횃불을 치켜들었고, 오른손으로는 지구를 들고 있다. 참으로 유치한 설정인데 구로공단의 노동자들이 대부분 여성인 것을 고려한 결과물일 것이다. 권리를 외쳤다는 이유로 가혹한 탄압을 일삼던 국가가 자신들의 모습을 이렇게 형상화한 걸 당시 '공순이'들이 봤다면 어떤 심정이었을까?

수출의 여인상 앞에 서서 이소선의 말을 생각했다. 그는 노동운동 하는 사람들에게 "어떻게든 정규직 비정규직이 하나로 힘을 합쳐 비정규 문제를 해결하지 않으면 모두 비정규가 되어 노예처럼 발에 족쇄를 차고 일을 하는 세상이 온다"고 말하고는 했다. 정말로 그런 세상이 오고 만 것인가.

노동에서 인권으로

1호선 전철 동대문역 1번 출구로 나와서 뒤로 돌아 오른쪽 골목으로 들어서면 종로구 창신동이다. 그 길 따라 올라가다 두번째 사거리 약국 앞에서 왼쪽으로 꺾어 들어가 오른편에 시작되는 골목들이 '봉제거리박물관'이다.

바닥에 색색의 페인트로 조각 천의 스티치를 그려낸 것만 빼면 다세대주택들이 들어서 있는 평범한 골목 풍경이지만, 알루미늄 연통 같은 것들이 건물 외부로 노출되어 있는 모습이 특이하다. 좀 더 세심한 사람들이라면 에어컨 호스와는 다른 호스들이 밖으로 뻗어 있고 그 호스의 끝에서 수증기가 새어나오는 것도 보게 될 것이다. 다세대주택으로 보이는 집들은 실은 대부분 봉제공장들이다. 집들 앞에는 입간판 같은 것들이 보이는데, 봉제 장인이나 봉제공장을 소개하고 봉제 작업 과정을 설명하는 안내판이다.

그 골목의 끝에 '이음피움 봉제역사관'이 있다. 지상 3층, 지하1층의 건물에 전시 내용이 빼곡하다. 2층이 상설전시관이고, 3층은 기획전시실이다. 한때 2천 개가 넘은 공장들이 있었던 창신동 일대에 지금도 1천 개의 봉제공장들이 밀집해 있다고 한다. "동대문 패션타운의 배후 생산기지로서 전세계에 얼마 남지 않은 도심 제조업 지역"이란 설명이 과장되지 않은 것 같다. 그런데 창신동에 이렇게 봉제공장들이 몰리게 된 배경을 설명하는 대목이 흥미롭다. 원래 평화시장이 의류 생산과 판매의 집적지였는데, "1970년 열악한 노동환경에 반발한 전태일 열사 분신 사건을 계기로 정부의 단속이 심해지면서 평화시장에 있던 많은 봉제공장이 주변 지역으로 이전하면서" 평화시장이 가까운 이곳에 봉제공장들이 밀집하게 되었다고 한다. 이곳에서도 '노동·인권운동가'로 이소선을 소개한다.

창신동에서는 의류 생산의 전 과정이 하루에 이루어진다. 그래서 이 골목의 특징 중이 하나는 오토바이가 많다는 것이다. 좁은 골목을 신속하게 움직여야 하기 때문이다. 이곳의 봉제인들은 노동자이자 자영업자가 대부분인데 이들이 받는 임금(또는 소득)은 최저임금 수준이다. 전태일의 동갑내기들이 '막내'라고 하는데 그만큼 봉제인들이 늙어가고 있다. 이들에게 노동조건은 다락방만 없다 뿐이지 크게 나아지지 못했다.

봉제거리 골목 안에 전태일재단이 자리 잡고 있고, 그곳 아래

봉제거리 어느 건물 담벼락에 '봉제인 기억의 벽'이 설치돼 있다(위).
해설사의 설명과 함께 이음피움 봉제박물관을 둘러보면 시간 가는 줄 모른다(아래).

쪽으로 유가협 건물인 '한울삶'이 있다. 1989년에 유가협이 이 건물을 매입하여 현재에 이르고 있다. 문을 열고 들어서면 안쪽 벽면에 영정사진들이 가득하다. 유가협 회원이 된 열사와 의문사 피해자들의 얼굴이다. 이것들도 1989년에 만들었다.

이 작은 집을 만드는 데 이소선의 역할이 컸다. 1986년 8월 12일 유가협이 창립되었을 때 초대 회장이 이소선이었다. 나는 1988년 동생의 죽음 뒤에 유가협에 참여했고, 1989년부터 1993년까지 5년 동안을 유가협 사무국장으로 일하면서 이소선과 함께 일했던 경험도 있다. 그러니까 이 한울삶 집을 마련하던 무렵부터였다.

1988년 10월, 전국에서 박정희, 전두환 정권 때 의문사한 유가족들이 종로5가 기독교회관에 모여들었다. 135일간의 의문사 진상규명 농성투쟁 동안 이소선은 전국에서 올라온 의문사 가족들을 만나서 손을 잡아주었다.

"이 가족들은 우리보다 더 가슴 아픈 가족들이야. 자식을 잃고도 왜 죽었는지를 모르니 얼마나 가슴이 찢어지겠어. 그 마음을 우리가 알아줘야 해."

열사들의 유가족으로 구성되었던 유가협은 의문사 가족들을 받아들이는 일에 부정적이었다. 이소선은 기존의 유가협 회원들을 한 명 한 명 붙잡고 설득에 설득을 해나갔다. 그런 노력 덕분에 결국 다음해인 1989년 총회에서 의문사 가족들을 회원으로 받아들였다.

"우리까지 내치면 이 사람들이 어디로 가냐고. 일단 유가협

한울삶 한쪽 벽에는 열사와 의문사 피해자의 영정들로 가득하다.

회원으로 받아주고 진상규명될 때까지 우리와 한 식구로 지내야
지.”

　이소선은 의문사 진상규명 농성 중에 준비한 서화전을 1989
년 4월에 열고, 그 수익금으로 창신동에 작은 한옥집을 마련했다.

　“우리 애들 영정을 걸어놓고 볼 수 있잖아. 그리고 지방에서
오는 가족들 잠잘 데는 있어야지.”

　이소선은 한울삶을 만든 뒤에 창동 집보다는 이곳에서 더 많
은 시간을 보냈다. 한울삶에 가면 이소선과 유가족들이 있었다. 찾
아오는 누구나 한울삶에 가면 맛있는 밥을 먹을 수 있었다. 고기며
반찬이며 사들고 찾아오는 이들로 문턱이 닳을 정도였다. 한울삶은
자식 잃은 유가족들의 보금자리였고, 유가족들의 동료 상담이 이루

어지던 곳이었다. 이소선은 처음 오는 유가족의 손을 잡아주고 안아주었다. "나도 그런 세월을 살았어. 얼마나 힘들겠어." 처음 와서 이소선의 품에서 울던 유가족들은 그곳에서 웃음을 되찾았다.

권위를 내세우지는 않았지만 이소선은 어느 누구도 설복시킬 수 있는 달변가이기도 했다. 그의 말은 쉬웠다. 책을 보고 배운 사람들처럼 어려운 말을 쓰지 않으면서도 심각한 상황도 웃음 짓게 하는 재주가 있었다. 자신의 경험담을 섞어서 어렵지 않게 세상 돌아가는 이야기며, 역사에 대해서, 운동에 대해서 그냥 일상적인 대화를 하듯이 술술 풀어놓으면 사람들이 재미있다고 그 말에 귀를 기울였다. 이소선이 남긴 많은 말들 중에 나는 이 말을 참 좋아한다.

인간 차별이라고 하는 건 대가리 터지도록 싸워. 왜냐면 인간은 날 때부터 인권은 똑같이 타고났다. 그리고 배우고 돈 있다고 인권을 지 맘대로 휘두르고 그러면 돈 없고 권력 없는 사람들은 사람 아닌가. 타고날 때 똑같이 타고났어. 어따대고 무시하고 그러냐고.

「태일이 엄마라꼬」에서

그리고 이소선은 무한 낙천주의자였다. "언제 의문사 진상규명이 될까요?" "민주화유공자로 인정받는 날이 올까요?" "세상이 바뀔까요?" 하고 묻는 유가족들에게 그리고 사람들에게 "박정희 때 이런 민주의 날이 올 거라고 생각이나 했냐"라면서 지치지 말고 꾸준히 가다보면 된다고 말하고는 했다. "될 일은 언제건 되더라

1990년, 유가협 회원들과 강원도로 여행간 자리에서 이소선과 함께.

고." 자신의 인생을 함축해서 들려주는 말이었다. 그게 기독교인으로서 이소선의 신앙 같은 것이었다.

2011년 9월 3일, 이소선은 전태일재단 근처 골목의 다세대주택 2층에 월세를 얻어서 살다가 생을 마감했다. 그해는 김진숙이 부산 한진중공업의 85호 크레인에 올라가서 농성을 하던 중이었다. 세상에 고립되어 있는 김진숙을 응원하기 위해서 기륭전자의 김소연과 송경동 시인 등이 기획단을 만들었고, 그렇게 마련된 '희망버스'에 사람들이 탑승하고 부산까지 가서 응원을 했다. 이소선은 꼭 희망버스를 타고 내려가겠다고 했지만, 끝내 그 버스를 타지 못하고 세상을 떠났다. 이소선의 장례를 치르는 과정에서 비정규직 노동자들이 이소선의 영정을 안고 부산으로 갔다.

1970년대 이후 노동자들이 부르는 곳마다, 아니 부르기 전에도 이소선은 투쟁 현장에 찾아가서 연대했다. 재야인사들이 벌이는 온갖 선언과 농성에도 빠짐없이 이름을 올리고 참여했다. 유가족이면서도 노동운동가였고 인권운동가였던 이소선, 그의 면면이 세상 사람들에게 더 많이 알려지길 바라는 마음으로 이 글을 썼지만 이곳에 담지 못한 이야기들이 너무 많다. 어머니라는 호칭에 가려진, 누구보다 철저한 평등주의자였던 운동가 이소선의 진면목을 세상 사람들이 더 많이 알아주었으면 좋겠다.

생을 마감한 이소선의 무덤은 마석 모란공원 전태일 열사의 바로 뒤에 자리하고 있다. 마치 41년을 기다려 모자가 상봉하는 것 같은 위치다. 이소선의 묘비에는 다음과 같은 글이 새겨져 있다.

옷도 세상도 건물도 자동차도

이 세상 모든 것을 노동자가 만들었습니다

노동자가 세상의 주인 아닙니까

그런데 우리는 하나가 안 되어서

천대받고 멸시받고 항상 뺏기고 살잖아요

이제부터는 하나가 되어 싸우세요

하나가 되세요

하나가 되면 못 할 것이 아무것도 없습니다

태일이 엄마의 간절한 부탁입니다

여러분이 꼭 이루어주세요

후기

예순이 넘은 나이에도 전혀 줄지 않는 게 호기심이다. 나는 궁금한 게 참 많다. 역사적인 사건의 현장만이 아니라 지금 일어나고 있는 현장과 그 현장 속 사람들에 대해서도 듣고 싶고 알고 싶다. 생생한 이야기들을 찾아서 듣고 같이 나누고 그러다보면 어렴풋하던 길도 더 또렷해진다. 미래가 아무리 암담해도 어느 현자가 나타나 길을 가르쳐주지 않을 바에야 지금 시대를 살아가는 이들이 지혜를 모으면 그 길을 찾아낼 수 있다고 믿는다.

앞으로 가보고 싶은 현장들이 국내에도 해외에도 많은데, 하나하나 찾아가 그곳 사람들의 이야기를 직접 듣는 여행을 자유롭게 할 수 있는 날이 올까? 당분간은 어려울 것이다. 지금 맡고 있는 큰 일들만으로 버거운 나날을 보내야 할 것이다. 한 고비를 넘고 나면 길을 나설 수 있을지 그것도 자신할 수 없다.

그럼에도 언제고 뒤돌아보면 잊고 있었던 사건과 사람들이 애써 만들어놓은 길 위에 있음을 인식하게 될 것이다. 내가 만들어가는 길이 언젠가는 누군가 걷게 되는 길이 된다는 사실을 살면서 아프게, 때로는 기쁘게 확인해오지 않았던가. 그러므로 당분간은 새로운 여행을 떠나는 배낭은 꾸리지 않아도 좋다. 나는 지금도 그 여행 중에 있는 것이므로.

더 새로운 길을 목표로 배낭을 꾸릴 때는 좀 더 자유롭게 여행할 수 있는 조건이 열리길 기대한다. 코로나19와 같은 감염병이 없고, 기후위기에 대한 대안에 세계가 합의하고, 최악의 불평등 상황을 완화하기 위한 사회개혁이 진전되고, 차별과 혐오에 맞서는 시민들의 의식이 고조되는 그런 상황이라면 좋겠다.

이 책을 통해 역사적인 상처들을 많이 만났다. 부패한 관리에 착취당하던 동학 농민들, 순교의 길을 간 천주교인들, 신분 차별에 울던 백정들, 한국전쟁 시기의 학살당한 사람들, 부랑인으로 낙인찍힌 채 사회복지시설에서 죽어간 이들, 미군 위안부로 내몰려 비참하게 살았던 여성들, 가난한 판자촌의 빈민들, 여전히 위태로운 삶을 살아가는 노동자들… 이들에게 인권은 무엇이었을까? 무엇보다 평등한 세상을 살고 싶었을 그들과 그들을 먼저 보내고 세상에 남게 된 이들은 가만히 침묵하고 있지만은 않았다. 언젠가는 반드시 입을 열고 말을 하면서 세상을 변화시켜왔다. 그 사람들을 기억하자는 이 책이 오늘의 불의와 차별에 문제를 느끼고 저항해가는 이들에게 조금이나마 도움이 되기를 바란다. 아울러 독자들이 저자의 여행에 공감하고 동행할 수 있다면 더 바랄 게 없겠다.

이 책을 읽는 모든 이들이 부디 건강하게 생존하시기를 기원한다.

참고문헌

동학농민혁명 현장

김선경, 「갑오 농민 전쟁과 민중 의식의 성장」, 『사회와 역사 64』, 2003.

김양식, 「동학농민군의 도소 조직과 이념기반」, 『역사연구 27』, 2014.

김양식, 「동학농민전쟁기 집강소의 위상과 평가」, 『역사연구 19』, 2010.

김양식, 「오지영 『동학사』의 집강소 오류와 기억의 진실」, 『한국사연구 170』, 2015.

김양식, 「1894년 농민군 도소의 설치와 그 이념―전주화약기 전라도 지역을 중심으로」, 『한국근현대사연구 2』, 1995.

김용해 등, 『동학의 재해석과 신문명의 모색』, 모시는사람들, 2021.

김정인 외, 『19세기―인민의 탄생』, 민음사, 2015.

김희수, 『역사의 법정에 선 법―전봉준 유죄 판결부터 형벌 불평등 문제까지』, 김영사, 2021.

박준성, 「1894년 동학농민군의 요구와 저항」, 『진보평론 71』, 2017.

배항섭, 「집강소 시기 동학농민군의 활동양상에 대한 일고찰―외세의 개입이 미친 영향을 중심으로」, 『역사학보 153』, 1997.

백승종, 『동학에서 미래를 배운다』, 들녘, 2019.

신복룡, 『전봉준 평전』, 들녘, 2019.

신정일, 『갑오농민혁명답사기』, 푸른영토, 2014.

안효성 등, 『근대한국 개벽운동을 다시 읽다』, 모시는사람들, 2020.

윤석산, 『일하는 한울님―해월 최시형의 삶과 사상』, 모시는사람들, 2014.

이영호, 『동학·천도교와 기독교의 갈등과 연대, 1983~1919』, 푸른역사, 2020.

이이화, 『민란의 시대—조선의 마지막 100년』, 한겨레출판, 2017.

이이화, 『민중의 함성 동학농민전쟁—한국사 이야기 18』, 한길사, 2012.

이이화, 『이이화의 동학농민혁명사 1~3』, 교유서가, 2020.

임상욱, 「동학의 자유와 평등」, 『동학학보 55』, 2020.

정창렬, 「갑오농민전쟁에서 농민군의 변혁사상」, 『한국학논총 제18집』, 1991.

정태석, 『한국인의 에너지, 평등주의—평등주의와 서열주의의 모순적 공존』,
     피어나, 2020.

조광환, 『전봉준과 동학농민혁명』, 살림터, 2014.

조성환, 『한국 근대의 탄생—개화에서 개벽으로』, 모시는사람들, 2018.

최민자, 『동학과 현대과학의 생명사상』, 모시는사람들, 2021.

최제우, 김인환 옮김, 『수운선집—용담유사·동경대전』, 고려대학교출판문화원,
     2019.

한국학연구소, 『함께 보는 한국근현대사』, 서해문집, 2009.

황현, 김종익 역, 『오동나무 아래에서 역사를 기록하다—황현이 본
     동학농민전쟁』, 역사비평사, 2016.

천주교 병인박해 순교성지

김명식, 『건축은 어떻게 아픔을 기억하는가』, 뜨인돌, 2017.

김정인 외, 『19세기—인민의 탄생』, 민음사, 2015.

오영환·박정자, 『가족이 함께 가는 성지순례』, 가톨릭출판사, 2014.

울리히 벡, 『자기만의 신』, 길, 2013.

이영호, 『동학·천도교와 기독교의 갈등과 연대 1893~1919』, 푸른역사, 2020.

이진구, 『한국 근현대사와 종교자유』, 모시는사람들, 2019.

찰스 킴볼, 『종교가 사악해질 때』, 현암사, 2020.

한국교회사연구소, 『한국천주교회사 1~5』, 한국교회사연구소, 2009~2015.

황대현, 「르네상스와 종교개혁」, 『서양사 강좌』, 아카넷, 2016.

진주 형평사 현장

김용삼, 『백정, 나는 이렇게 본다』, 보리, 2019.

김의환, 「일제치하의 형평운동고—천민(백정)의 근대로의 해소과정과 그
　　　운동」, 『향토서울』, 제31호(1967. 12.).

김정인 등, 『19세기—인민의 탄생』, 민음사, 2015.

김정인, 『민주주의를 향한 역사—시대의 건널목, 19세기 한국사의 재발견』,
　　　책과함께, 2015.

김정인, 「일제강점기 백정 '인간 해방·평등' 인권선언」,
　　　〈공감〉, 2019. 6. 17., https://gonggam.korea.kr/
　　　newsView.do?newsId=01JFS6RIQDGJM000

김중섭, 『사회운동의 시대—일체 침략기 지역 공동체의 역사 사회학』,
　　　북코리아, 2012.

김중섭, 『인권의 지역화—일상생활의 인권 증진을 위하여』, 집문당, 2016.

김중섭, 『평등사회를 향하여—한국 형평사와 일본 수평사의 비교』,
　　　지식산업사, 2015.

신종한, 「근대 신분제도의 변동과 일상생활의 재편—형평운동과 백정들의
　　　일상」, 『동양학』, 제47호(2010. 2.), 단국대학교 동양학연구소.

조규태, 『형평운동의 선구자 백촌 강상호』, 펄북스, 2020.

한국전쟁 시기 민간인 학살터

강성현, 『작은 '한국전쟁'들—평화를 위한 비주얼 히스토리』, 푸른역사, 2021.

김동춘, 『이것은 기억과의 전쟁이다—한국전쟁과 학살, 그 진실을 찾아서』,
　　　사계절, 2013.

김동춘, 『전쟁과 사회—우리에게 한국전쟁은 무엇이었나?』, 돌베개, 2006.

김동춘, 『전쟁정치—한국정치의 메커니즘과 국가폭력』, 길, 2013.

박석진·신재욱, 『허락되지 않은 기억을 찾아서—파주 적군묘지에서 통열
　　　용초도 포로수용소까지』, 열린군대를위한시민연대, 2022.

브루스 커밍스, 조행복 역, 『브루스 커밍스의 한국전쟁—전쟁의 기억과 분단의
　　　미래』, 현실문화연구, 2017.

서중석, 『사진과 그림으로 보는 한국 현대사』, 웅진씽크빅, 2015.

윤정란, 『한국전쟁과 기독교』, 한울엠플러스, 2016.

이재승, 『국가범죄—한국현대사를 관통하는 국가범죄와 그 법적 청산의 기록』,
　　　앨피, 2010.

임지현, 『기억 전쟁—가해자는 어떻게 희생자가 되었는가』,
　　　휴머니스트출판그룹, 2019.

정근식·강성현, 『한국전쟁 사진의 역사사회학—미군 사진부대의 활동을
　　　중심으로』, 서울대학교출판문화원, 2017.

평화통일교육문화센터, 『세상에서 가장 긴 무덤, 산내 골령골』, 문화의힘,
　　　2016.

한국전쟁기민간인학살유해발굴공동조사단, 『대전 동구 낭월동(구 산내면
　　　골령골) 유해발굴 조사보고서—한국전쟁기 민간인학살 제9차
　　　유해발굴』, 대전광역시 동구, 2020.

한성훈, 『가면권력—한국전쟁과 학살』, 후마니타스, 2014.

한성훈, 『학살, 그 이후의 삶과 정치』, 산처럼, 2018.

허버트 허시, 강성현 역, 『제노사이드와 기억의 정치—삶을 위한 죽음의 연구』,
　　　책세상, 2009.

홍석률, 『민주주의 잔혹사—한국현대사의 가려진 이름들』, 창비, 2017.

형제복지원과 선감학원 터

동아대학교 산학협력단, 『형제복지원 사건 피해자 실태조사』, 부산광역시,
　　　2020.

서울대학교 사회학과 형제복지원연구팀 엮음, 『절멸과 갱생
　　　사이—형제복지원의 사회학』, 서울대학교출판문화원, 2021.

하금철 등, 『아무도 내게 꿈을 묻지 않았다—선감학원 피해생존자
　　　구술기록집』, 오월의봄, 2019.

한종선 등, 『살아남은 아이: 우리는 어떻게 공모자가 되었나?』, 문주, 2013.

형제복지원 사건 진실규명을 위한 대책위원회(준), 『한국의 홀로코스트!—
　　　형제복지원 사건의 진실을 말한다—형제복지원 사건 자료집』, 2013.

형제복지원구술프로젝트, 『숫자가 된 사람들—형제복지원 피해생존자
구술기록집』, 오월의봄, 2015.

형제복지원사건진상규명을위한대책위원회 등, 『진실과 정의를 향한 과거청산,
이제 다시 시작이다!(형제복지원 노숙농성 400일 긴급 토론회
자료집)』, 2018.

동두천 미군 기지촌

김귀옥, 『그곳에 한국군'위안부'가 있었다』, 선인, 2019.

김수정, 『아주 오래된 유죄—그러나 포기하지 않은 여성을 위한 변론』,
한겨레출판, 2020.

김정자 증언, 『미군 위안부 기지촌의 숨겨진 진실—미군 위안부 기지촌여성
최초의 증언록』, 한울아카데미, 2019.

동두천역사문화연구회, 『동두천을 찾고, 잇다,』, 동두천역사문화연구회, 2021.

봄날, 『길 하나 건너면 벼랑 끝—성매매라는 착취와 폭력에서 살아남은 한
여성의 용감한 기록』, 반비, 2019.

송연옥·김귀옥 외, 『식민주의, 전쟁, 군 '위안부'』, 선인, 2017.

허훈 외, 『동두천과 주한미군』, 조명문화사, 2016.

박정미, 「한국 기지촌 성매매정책의 역사사회학, 1953~1995년—냉전기
생명정치, 예외상태, 그리고 주권의 역설」, 『한국사회학』 49권
2호(2015).

박정미, 「한국전쟁기 성매매정책에 관한 연구—위안소와 위안부를 중심으로」,
『한국여성학』 27권 2호(2011).

이나영, 「기지촌의 공고화 과정에 관한 연구(1950~60): 국가, 성별화된
민족주의, 여성의 저항」, 『한국여성학』 제23권 4호(2007).

이나영, 「전쟁과 냉전, 미군 기지촌의 '위안부'의 형성」, 『왜 지금 한국전쟁을
이야기하는가?』(2019 열린군대를위한시민연대 연속기획강좌 『시민의
눈으로 군대를 보다』 자료집), 2019(미발간).

정희진, 「5. 죽어야 사는 여성들의 인권—한국 기지촌여성운동사, 1986~98」,
『한국여성인권운동사』, 한울아카데미, 2013.

광주대단지 사건과 용산참사 현장 그리고 백사마을

경향신문 특별취재팀, 『어디 사세요?—부동산에 저당 잡힌 우리 시대의 집 이야기』, 사계절, 2010.

권기봉, 『다시, 서울을 걷다』, 알마, 2012.

김시덕, 『서울선언—문헌학자 김시덕의 서울 걷기, 2002~2018』, 열린책들, 2019.

노무라 모토유키, 『노무라 리포트—청계천변 판자촌 사람들 1973-1976』, 눈빛, 2013.

당대비평기획위원회 엮음, 『아무도 기억하지 않는 자의 죽음』, 산책자, 2009.

박래군, 『사람 곁에 사람 곁에 사람』, 클, 2014.

반용역프로젝트팀, 『용역폭력근절을 위한 정책대안보고서』, 2012.

손낙구, 『부동산 계급사회』, 후마니타스, 2009.

서울역사박물관 조사연구과 편, 『104마을—중계동 산 104번지』, 서울역사박물관, 2012.

송경용, 『사람과 사람—송경용 신부의 나눔, 그 아름다운 사랑의 이야기』, 생각의나무, 2007.

스탠리 코언, 조효제 옮김, 『잔인한 국가 외면하는 대중』, 창비, 2009.

용산참사 기억과 성찰 위원회, 『용산참사, 기억과 성찰—2017 용산참사백서』, 서울특별시, 2017.

용산참사와 함께하는 사람들, 『끝나지 않는 전시—용산참사 추모 파견미술 헌정집』, 삶이보이는창, 2010.

용산참사 진상규명 및 재개발제도 개선위원회 등, 『용산참사 재발 방지를 위한 "강제퇴거금지법" 제정 토론회』, 용산참사 2주기 범국민 추모위원회, 2011.

용산 철거민 사망사건 진상조사단, 『용산 철거민 사망사건 진상조사 보고서』, 2009.

임미리, 『경기동부—종북과 진보 사이, 잃어버린 우리들의 민주주의』, 이매진, 2014.

작가선언6·9 엮음, 『지금 내리실 역은 용산참사역입니다—2009 용산참사

헌정문집』, 실천문학사, 2009.

조세희, 『난장이가 쏘아올린 작은 공』, 문학과지성사, 2006.

조은, 『사당동 더하기 25』, 또하나의문화, 2012.

주거권 네트워크 엮음, 『집은 인권이다—이상한 나라의 집 이야기』, 이후, 2010.

최인기, 『가난의 시대—대한민국 도시빈민은 어떻게 살았는가?』, 동녘, 2012.

최인기, 『떠나지 못하는 사람들—무엇이 그들을 도시의 유령으로 만드는가?』, 동녘, 2014.

한국학중앙연구원, 『성남시 광주대단지 사건 학술연구 결과보고서』, 성남시, 2020.

한종수·강희용, 『강남의 탄생—대한민국의 심장 도시는 어떻게 태어났는가?』, 미지북스, 2016.

8·10 성남(광주대단지) 민권운동 50주년기념 학술토론회, 『광주대단지와 도시의 미래』(자료집), 성남시·국토연구원.

서울 청계천·구로·창신동

권기봉, 『서울을 거닐며 사라져가는 역사를 만나다』, 알마, 2008.

김원, 『여공 1970, 그녀들의 反역사』, 이매진, 2010.

마나베 유코, 김경남 역, 『열사의 탄생—한국민중운동에서의 한恨의 역학』, 민속원, 2015.

민종덕, 『어머니의 길』, 돌베개, 1990.

박점규, 『노동여지도—두 발과 땀으로 써내려간 21세기 대한민국 노동의 풍경』, 알마, 2015.

서중석, 『사진과 그림으로 보는 한국 현대사』, 웅진씽크빅, 2015.

손은정 등, 『영등포산업선교회 역사관 아카이브 북』, 영등포산업선교회, 2021.

송기역·정윤영 기록, 『너의 사랑 나의 투쟁—유가협 30년의 기록』, 썰물과밀물, 2016.

아름다운청년 전태일기념관, 『이소선의 기억과 기록—2021

전태일노동구술기록 3』, 2021.

아름다운청년 전태일기념관, 『전태일의 친구들—2020 전태일노동구술기록
　　1』, 2020.

아름다운청년 전태일기념관, 『청계, 내 청春, 나의 봄—2020 전태일 50주기
　　특별기획전 도록, 청계피복노동조합 아카이브①』, 2021.

안재성 등, 『아, 전태일!—그가 떠난 50년을 기리며』, 목선재, 2020.

안재성, 『청계, 내 청춘』, 돌베개, 2007.

안재성, 『한국노동운동사 1~3』, 삶이보이는창, 2008.

양윤미 등, 『태일이 엄마라꼬』, 아름다운청년 전태일기념관, 2019.

오도엽, 『지겹도록 고마운 사람들아—이소선·여든의 기억』, 후마니타스, 2008.

이원보, 『한국노동운동사 100년의 기록』, 한국노동사회연구소, 2005.

이원보 등, 『전태일의 삶과 노동의 미래』, 아름다운청년 전태일기념관, 2021.

조영래, 『전태일 평전』, 돌베개, 2002.

찾아보기

276

사진 한승일

사진을 찍고 글을 쓴다. 출판사에서 일했던 경험이 있어서 책에 들어가는 사진과 글 작업을 많이 했다. 『사람 곁에 사람 곁에 사람』의 표지 사진 촬영을 인연으로 박래군의 인권기행에 몇 년째 동행하게 되어 『우리에겐 기억할 것이 있다』와 이번 책 『상처는 언젠가 말을 한다』의 전체 사진을 맡았다. 최근작으로는 사진과 글을 함께 작업한 『신신예식장』이 있다. 사라지는 것들과 그것들을 지키고 기억하려는 사람들 이야기에 관심이 많다.

상처는 언젠가 말을 한다
인권운동가 박래군의 한국현대사 인권기행 2

1판1쇄 펴냄 2022년 3월 2일

지은이 박래군 **사진** 한승일

펴낸이 김경태 **편집** 홍경화 성준근 남슬기 한홍비 **디자인** 박정영 김재현
마케팅 전민영 서승아 **경영관리** 곽근호

펴낸곳 (주)출판사 클
출판등록 2012년 1월 5일 제311-2012-02호
주소 03385 서울시 은평구 연서로26길 25-6
전화 070-4176-4680 팩스 02-354-4680 이메일 bookkl@bookkl.com

ISBN 979-11-90555-93-7 03330

이 도서의 국립중앙도서관 출판예정도서목록(CIP)은
서지정보유통지원시스템 홈페이지(http://seoji.nl.go.kr)와
국가자료공동목록시스템(http://www.nl.go.kr/kolisnet)에서 이용하실 수 있습니다.

이 책의 인세는
인권재단 사람과 4·16재단에 기부됩니다.

○▽△름
인권재단사람

(재)인권재단 사람은 인권의 가치가 한국 사회 곳곳에 뿌리내리기를 바라며 인권운동의 성장을
지원하는 비영리 공익재단입니다. 민간독립 인권센터 인권중심 사람을 운영하고 있고, 장애인, 난
민, 이주민, 성소수자, 홈리스 등 한국사회에서 가장 차별받는 사회적 소수자의 인권 옹호 활동을
지원합니다. 긴급한 인권 현장을 발 빠르게 지원하고, 지속 가능한 인권활동의 조건을 만들어가고
있습니다.

홈페이지 www.hrfund.or.kr **전화번호** 02-363-5855
후원계좌 신한은행 100-020-833848 (재단법인인권재단사람)

생명 · 안전 · 약속
4·16재단

4·16재단은 세월호 참사의 아픔과 약속을 기억하며, 생명과 안전을 존중하는 사회를 만들어가기
위해 세월호 참사 유가족들과 시민들이 뜻을 합쳐 만든 비영리 재단법인입니다. 세월호 참사의 진
상규명 활동과 재난참사 피해자들을 지원해왔습니다. 모두의 일상이 안전한 사회를 만들기 위한
다양한 사업을 펼치고 있습니다.

홈페이지 416foundation.org **전화번호** 031-405-0416
후원계좌 국민은행 226401-04-346585 (4·16재단)